Helmut Köckenberger

Bewegungsräume

Entwicklungs- und kindorientierte Bewegungserziehung

Helmut Köckenberger

Bewegungsräume

Entwicklungs- und kindorientierte Bewegungserziehung

---

borgmann

Wichtiger Sicherheitshinweis: *Alle hier vorgeschlagenen Übungen und Spielideen wurden von Autor und Verlag sorgfältig erwogen und geprüft. Dennoch erfolgt ihre Durchführung auf eigene Gefahr und entbindet die/den Übungsleiter/in nicht von der Beachtung individueller Gefahrenmomente und der Planung entsprechender Sicherungsmaßnahmen.*
Eine Haftung des Autors bzw. des Verlages und seiner Beauftragten ist ausgeschlossen.

---

2. Aufl. 1997
Gesamtherstellung: Löer Druck GmbH, Dortmund

Titelfoto: Gudrun Gaiser
Fotos: Helmut Köckenberger
Illustrationen: Christian Wening

Bestell-Nr. 8117 ISBN 3-86145-088-7

Inhalt

Vorwort

Die in dem vorliegenden Buch beschriebenen Bewegungs- und Spielräume sind in der Praxis entstanden. Sie wurden seit über zehn Jahren immer wieder ausprobiert, verändert und ergänzt. Da dieser Prozeß auch jetzt noch nicht abgeschlossen ist, erhebt diese Zusammenfassung keinerlei Anspruch auf Vollständigkeit. Sie soll vielmehr eine Momentanaufnahme aus der Praxis darstellen, mit welchen Mitteln, mit welchem methodischem Hintergrund und pädagogisch-therapeutischem Verständnis mit Kindern in diesem Rahmen gearbeitet werden kann. Sie kann dazu dienen, selbständig Abänderungen, Neuerungen und Ergänzungen vorzunehmen und sie auf andere Bereiche und Situationen zu übertragen.
Die Grundidee dieses Buches ist das Vertrauen in eine eigenständige Entwicklung des Kindes bei entsprechendem Angebot und Reizsetzung innerhalb eines bestimmten Rahmens.
Für die theoretische Grundlage stammen einige Anregungen aus Vorträgen, Gesprächen und aus Büchern. Einzelne wichtige Punkte daraus werden im zweiten Kapitel vereinfacht dargestellt. Ebenso eine knappe Zusammenfassung von Motivation als Basis jeglicher Initiative. Für weitere und ausführlichere Information wird auf einschlägige Literatur verwiesen.
Die aufgeführten Lernspiele und Ziele sollen die zahlreichen Aspekte und Inhalte der einzelnen Räume und deren Bewegungs-, Wahrnehmungs- und Lernmöglichkeiten aufzeigen. Auch kann der Erwachsene mit dieser Spielesammlung in den jeweiligen notwendigen Situationen initiativ werden.
Allerdings sollte der Grundsatz gelten: Je weniger der Erwachsene aktiv eingreift – je weniger er bemerkt wird – um so konsequenter selbstbestimmend können Kinder den Raum ergreifen, sich spielerisch in ihrem eigenen Lerntempo entwickeln und „nebenbei" die Lernziele erreichen.
Im Anhang werden diese Lernziele definiert und im Rahmen der engen Beziehung zwischen Wahrnehmung, Bewegung und kognitiv-seelischen Bereich kurz erläutert.
Die Reihenfolge der einzelnen Bewegungsräume stellt keine Wertung dar, sondern versucht, trotz Überschneidung und Verflechtung einzelner Bewegungs- und Wahrnehmungsbereiche, eine Grobgliederung vorzunehmen. Sie führt von einer der Grundlagen von Bewegung und Wahrnehmung – dem Gleichgewichtssystem – über grob- und feinmotorische Koordination zum Körperbewußtsein und einzelnen Wahrnehmungsbereichen, bzw. von aktiveren zu konzentrativeren Projekträumen.

Bedanken möchte ich mich an dieser Stelle bei Rainer für die tatkräftige technische Verwirklichung vieler Ideen, bei Mufti und Heidemarie für das Korrekturlesen und bei allen Erwachsenen und Kindern, die geholfen haben, die Idee der Projekträume mit Leben zu füllen.

1. Einleitung

Im Zuge der Persönlichkeitsentwicklung ist Bewegung für Kinder sowohl Grundlage für eine gesunde körperliche Entwicklung als auch eine Möglichkeit, Erfahrungen zu sammeln und Erkenntnisse zu gewinnen. Es ist wichtig, Kindern Gelegenheiten zu verschaffen, sich durch Bewegung mit Situationen, Gegenständen, Personen und dadurch mit ihrer Umwelt auseinanderzusetzen. *Piaget* betont die immense Bedeutung der sensomotorischen Entwicklungsphase als Basis jeglicher darauf aufbauender Entwicklungsbereiche, d.h. auch der kognitive, der konzentrative, der handelnde und der soziale Bereich.
Das Kind lernt spielerisch, sich der Umwelt, dem Material, der Gruppensituation anzupassen und schließlich auch kreativ die Umwelt so zu verändern, daß sie seinen Bedürfnissen entspricht.
Dies bedingt automatisch eine handlungsorientierte Förderung, die später ins logisch Vorausschauende und Operationale überleitet.
Die Bewegungsentwicklung ist hauptsächlich von Anregungen, Angeboten und Anforderungen durch die Umwelt des Kindes abhängig. Das Kind benötigt neben der Zeit für ständiges Wiederholen zum Verfestigen der neu entdeckten Bewegungsabläufe und der kognitiven Einordnung auch Zeit und Raum für selbständiges Begreifen, Ausprobieren, Erfahren und Finden von Lösungen.
In der Regel fehlt den Kindern heutzutage das räumliche Umfeld dazu, um diese wichtigen Erfahrungen zu sammeln. Der natürliche Bewegungsdrang kann nicht ausgelebt werden.
Die Entwicklung der Technik und Freizeitgestaltung bewegt sich immer rasanter. Beinahe jedes Jahr werden neue Ideen auf den Markt geworfen. Modetrends konkurrieren mit wiederentdecktem Altbekannten. Immer mehr Menschen zerbrechen sich den Kopf über Bedürfnisse und Erziehung der Zielgruppe der Kinder. Doch es mangelt den Kindern in erschreckendem Maße an „bewegenden" Freiräumen und an Möglichkeiten, kreativ und selbständig ihre Umwelt zu entdekken, sich spielerisch und kindgemäß in ihr zu bewegen und von Neugierde getrieben ihre Entwicklung individuell voranzutreiben. Nicht nur die kindliche Umgebung wird ständig von der Konsum- und Leistungsgesellschaft eingeengt und strukturiert, auch die Zeit wird durch erzieherische Methoden und Betreuung in und nach der Schule reglementiert und vorprogrammiert. Immer mehr Ärzte klagen über die Bewegungsarmut mit sekundären Haltungsschäden. Immer mehr Pädagogen bemerken die eingeschränkte Konzentrations- und Wahrnehmungsfähigkeit mit einer auffällig stark sinkenden Motivationslage.

In einem kinderfeindlichen Städtebild dominieren Rationalität, Konsum und Profit neben einzelnen Grünanlagen und Spielplätzen, von engen und lieblosen – nicht kind- und spielgerechten – Pausenhöfen in den Schulen ganz zu schweigen. Andererseits wird alles, was vom Städteplaner und Freizeitgestalter erfaßbar ist, durchstrukturiert. Ruhige Plätze müssen gesucht werden, da es überall Reizüberflutung und Angebote zur meist passiven Freizeitgestaltung wie Video, Fernsehen und Computerspielen gibt. In den meisten Schulen wird noch im „altbewährten" Frontalunterricht immer größere Wissensfülle durch Auswendiglernen und kurzzeitiges Eintrichtern von oberflächlichem Wissen gelehrt. Es erscheint zweitrangig, was dabei tatsächlich gelernt und begriffen wird. Ein großer Stundenteil wird für Ordnungsfragen und Organisation benötigt. Viel Lerneifer und Energie gehen verloren, weil das Kind nicht seinen eigenen Lösungsweg ausprobieren und experimentell untersuchen kann. Viel Selbstbewußtsein und soziales Lernen werden verhindert, wenn die individuellen Lösungen der Kinder nicht diskutiert und weiterverfolgt werden. Es herrscht immer noch die Meinung vor, daß der normierte methodische Lösungsweg des Lehrers aus dem Curriculum für alle Kinder gleichgelten soll. Dies ohne Rücksicht auf die speziellen Bedürfnisse und Situationen der einzelnen Kinder.

Schon vor Jahren wurde herausgefunden, daß unterschiedliche Hirnhälftendominanz unterschiedliches Lernverhalten bedingt. Der analytisch Veranlagte benötigt kleine, verstandesgemäß erfaßbare, logisch aufgebaute Lernschritte und bevorzugt die Augen. Der synthetisch Veranlagte erfaßt den Inhalt als Ganzes, z.T. mit Hilfe des Körpers und multisensorischer Wahrnehmung. Außerdem ist es undenkbar, daß alle Kinder einer Klasse zur gleichen Zeit den gleichen Entwicklungsstand, die gleichen Bedürfnisse haben und das Interesse, das Gleiche gleichzeitig zu lernen.
Deduktion ist die Norm als scheinbar einfachste Möglichkeit für Organisation, Leistungsvergleich und Benotung. Die effektivste Möglichkeit scheint der genormte Weg zu sein, das angestrebte Ziel innerhalb des abgesteckten Zeitraumes zu erreichen, zumindestens mit einem Teil der Kinder. Ohne die Frage nach der Motivation näher zu beleuchten, werden die restlichen Kinder als desinteressiert, faul, ängstlich, bzw. als hyperaktiv und unkonzentriert bezeichnet.
Dies ist auch im Sport zu beobachten. Durch Reglements, starres Regelwerk und Leistungsvergleich werden Bewegungsfreude und Bewegungsgestaltung der Kinder massiv eingeschränkt. Durch Anstehen, Abwarten, Vormachen, Erklären, einzeln Nachmachen wird der natürliche Bewegungsdrang verhindert.

Auch im therapeutischen Bereich ist oftmals der Schwerpunkt auf die isolierte Funktionalität und das anscheinend schnellstmöglichste Erreichen der Norm durch Behandlung offensichtlicher Symptomatik gelegt. Dabei werden manchmal das Herausfinden und Beheben der Grundursachen sowie die Berücksichtigung komplexerer Zusammenhänge übergangen.
Gerade weil heutzutage die Kinder schon ab dem Kindergartenalter unter Leistungsstreß leiden, unter Reizüberflutung durch Umwelteinflüsse, unter Mangel an Bewegungsraum und -möglichkeiten, unter Mangel an Freiraum für Selbstbestimmung, Kreativität und freier Auseinandersetzung mit Material, Körper, Umwelt und Mitmenschen, gerade deshalb sollte in den Bereichen, in denen es jetzt schon durchsetzbar und machbar erscheint, der Versuch gewagt werden, eine Basis für eine kindzentriertere Lernsituation und -umgebung zu schaffen.
Es sollten daher Räume eingerichtet werden, in denen das Kind die Möglichkeit erhält, über Nachahmen anderer Kinder und Ausprobieren zu lernen. Durch freiwilliges, selbstgesteuertes Üben könnte das Erlernte verfestigt und darauf aufbauend experimentell Neues kreiert und weitergegeben werden. Das Kind könnte in seinem eigenen Tempo lernen. Es könnte wieder – wie im Kleinkindesalter – lernen, ohne sich ständig Reglements unterzuordnen und einem Leistungsgefüge zu beugen, da Verweigerungshaltung und Versagensangst nicht mehr als Schutz vor Überforderung benötigt wird. Der Unterricht sollte ganzheitlich und abwechslungsreich gestaltet werden, indem die Sinne, der gesamte Körper und das Kind selbstverantwortlich miteinbezogen werden. Geeignet erscheint der Rahmen von Sport- und Bewegungserziehung, der therapeutische Bereich und der Bereich der Freizeitgestaltung. Dort können im projektorientierten Ansatz Räume mit Material ausgestattet werden. Zum freien Bauen und Gestalten, oder vorstrukturiert zum eigenständigen Benutzen und Variieren. So könnten mittels Spiel und Bewegung Selbstverantwortung und Selbstvertrauen, Kreativität und Handlungsfähigkeit neben der Vielzahl der sportpädagogisch-therapeutischen Ziele angebahnt werden.

Die Forderungen nach selbstbestimmten und -verantwortlichen Lernmöglichkeiten können u.a. bei Reformpädagogen wie Montessori und Freinet, bei Entwicklungspsychologen wie Piaget und einigen Sportpädagogen gefunden werden. Unterschiede sind im Rahmen und in praktischen Konsequenzen feststellbar. Der zentrale Schwerpunkt – Raum für eigenständiges Handeln – scheint indessen übereinzustimmen.

2. Grundlagentheorie

2.1 Maria Montessori (1870 - 1952)

Montessori war die erste italienische Ärztin. Sie engagierte sich für geistig behinderte Kinder. Sie zeigte, daß auch diese bisher nur aufbewahrten Kinder bildungsfähig seien, indem komplexere Vorgänge in einzelne Sequenzen zerlegt wurden und über die verschiedenen Sinneswahrnehmungen und wiederholenden Bewegungen geübt wurden. Später gründete sie Kinderhäuser, in denen sie ihre Erziehung über die Sinne an gesunden und normal begabten Kindern erproben konnte. Die zentralen Forderungen ihrer Pädagogik sind Selbstbestimmung und Freiheit des Kindes: „Hilf mir, es selbst zu tun“, weil das Kind ihrer Meinung nach über die Fähigkeit verfügt, seine Persönlichkeit aufgrund eines inneren individuellen Entwicklungsplanes selbst aufzubauen. In seiner spontanen Selbstentfaltung soll das Kind unterstützt und respektiert werden.

Die Schule soll sich auf das Kind einstellen und nicht umgekehrt. Wenn das Kind nicht mehr aus Pflichtgefühl und wegen des zu hohen Erwartungsdrucks von Lehrer und Eltern lernen soll, sondern weil es den Lerninhalt selbst ausgewählt hat, bedeutet das konsequenterweise das Angebot von Freiarbeit. In der Freiarbeit bestimmt der Schüler die Art und Dauer seiner Tätigkeit. Er übernimmt Selbstverantwortung und lernt, sich Wissen selbständig anzueignen. Zu wissen, wie man lernt, ist heute in einer sich rasch verändernden Gesellschaft wichtiger als reproduziertes Detailwissen.

Das angebotene Lernmaterial wird vom Lehrer eingeführt, und sollte nicht zweckentfremdet eingesetzt werden. Jede begonnene Tätigkeit soll beendet werden. Andere Kinder dürfen nicht in ihrem Lernen gestört werden. Diese Ordnungsregeln, außerdem immer wiederkehrende Rituale, eine zeitliche und räumliche Strukturierung schaffen die nötige Sicherheit durch diesen Orientierungsrahmen. Dies geschieht auch mittels der vorbereiteten Umgebung: Das Material- und Lernangebot wird vom Erwachsenen ausgewählt, und ist den Bedürfnissen und dem Entwicklungsstand der Kinder angepaßt. Es ist einfach und überschaubar strukturiert und vom Kind selbständig in Ordnung zu halten. Die vorbereitete Umgebung soll eine vertrauensvolle Atmosphäre schaffen, ohne die kein Lernen möglich ist.

Der Lehrer steht nicht mehr im Mittelpunkt des Unterrichts. Die aktive und zentrale Rolle wird mit der beobachtenden und begleitenden getauscht. Nur über genaue Beobachtung kann der Erwachsene das

entsprechende Angebot auswählen und vorbereiten. Sein Einwirken ist indirekt. Die Hilfe der Erwachsenen muß immer die Persönlichkeit des Kindes, sein individuelles Entwicklungstempo und sein Verlangen nach Selbständigkeit berücksichtigen. Das verlangt viel Geduld, z.B. abzuwarten, wenn Kinder anscheinend untätig sind, während in ihrem Inneren wichtige Prozesse ablaufen.
Gemischte Klassen mit unterschiedlichem Niveau verhindern den Wettkampf, weil kein direkter Leistungsvergleich möglich ist.
Die älteren Schüler helfen den jüngeren. Die Jüngeren lernen durch Nachahmung von den Älteren. Somit ist ein Raum für soziales Lernen geschaffen. (angelehnt an: *Barbara Esser/Christine Wilde*: 1989)

2.2 Celestin Freinet (1896 - 1966)

Der überzeugte Pazifist und Sozialist gründete als Volksschullehrer 1934 ein eigenes Landeserziehungsheim in Südfrankreich, nachdem er aus dem staatlichen Schuldienst ausgeschieden war. Außerdem rief er eine noch heute bestehende internationale Lehrerbewegung ins Leben. Die Grundsätze seiner Pädagogik sind die „grundsätzliche Achtung der individuellen Eigenheiten jedes Kindes, das Erfolgserlebnis als Grundlage der schulischen Erziehung und das Prinzip der Erziehung zur selbständigen Arbeit“ (*Baillet* S. 27). Freinet ist überzeugt „von einem natürlichen Grundbedürfnis des Kindes, sich zu entwickeln und vorwärtszuschreiten“ (*Baillet* S. 27). Eine eigenangetriebene „natürliche Entwicklung ist aber nur möglich, wenn jedes Kind seinem eigenen Weg folgen kann. Deshalb macht sich der Lehrer zur Aufgabe, die Unterschiedlichkeit der Kinder zu respektieren, sie zu akzeptieren, wie sie sind, und jedem die Möglichkeit zu geben, sich auf seine eigene Weise zu entfalten.“ (*Baillet* S. 27)
In der Praxis bedeutet dies, daß jedes Kind das Recht auf seinen eigenen Lernrhythmus hat. Der Lehrer vermeidet die Übernahme fertiger Ergebnisse. Er entwickelt und fördert in der Klasse den kritischen, experimentierenden Verstand und die Freude am entdeckenden Lernen. Diese „tastenden Versuche“ außerhalb ausgetretener Pfade untersuchen aufgrund einer Fragestellung das Umfeld und machen die Umgebung vertraut: Ein ursprüngliches Bedürfnis aller Menschen. Die Kinder erhalten auf allen Ebenen viel Raum für den „freien Ausdruck“: mündlich, schriftlich, gestalterisch. So entstehen Druckerei und Korrespondenz mit anderen Klassen. Die Kooperation und das solidarische Miteinander werden stärker gefördert als Wettbewerb um gute Noten. Die Kinder entscheiden im gewissen Rahmen selbständig über die Verwendung ihrer Lernzeit. Der Unterricht soll „eine Quelle der Inspiration für kindzentriertes, spontanes, phantasievolles Arbeiten“

sein. „Damit ist verbunden der Anspruch, daß Schule wieder Spaß macht, daß Lehrerinnen und Schülerinnen im direkten, unverstellten, menschlichen Miteinander zu neuen, lustvolleren Formen selbstbestimmten Lernens finden, daß die starre Amts-Autorität der Lehrerinnen abgebaut und durch eine Helfer- und Anreger-Rolle ersetzt wird, daß entdeckendes Lernen vor Auswendiglernen, der freie Ausdruck vor dem Reproduzieren vorgegebener Inhalte rangiert". (*I. Dietrich*, aus: Pädagogik 3/92 S. 47)

2.3 Projektunterricht

John Dewey (1859 – 1952) ist der Vater der Projektidee: „Ein Gramm Erfahrung ist besser als eine Tonne Theorie".
Projektunterricht ist situationsbezogen, d.h. „die Schüler müssen eine wirkliche und für den Erwerb von Erfahrungen geeignete Sachlage vor sich haben. Aus dieser Sachlage muß ihnen ein echtes Problem erwachsen". (Dewey, zitiert nach *Bastian / Gudjons* in: Pädagogik 7-8/89 S. 11)
Das Interesse und die Bedürfnisse der Kinder sollen im Mittelpunkt stehen. Dieses schülerorientierte Konzept beinhaltet die kooperative Planung und das gemeinsame Handeln. Das Kind übernimmt Verantwortung für Lerninhalt und Gestaltung des Unterrichts. Trotzdem sollte der projektorientierte Unterricht das Lernziel nicht aus den Augen verlieren: Die Planung muß flexibel genug sein, um noch ein freies Spiel der Individualität zu ermöglichen und doch fest genug, um die Richtung auf fortgesetzte Entwicklung der Kräfte anzugeben". (*Dewey:* 1938 S.87) Außerdem obliegt dem Lehrer die Vorausplanung für die gemeinsame Planung. Der Unterricht versucht das Kind ganzheitlich zu sehen, d.h. der Unterricht soll eine Vielfalt von Sinnen, Bewegungen, Handlungen und logischen Operationen miteinbeziehen. Es wird nicht eine Komponente fortwährend isoliert herausgehoben.
Das soziale Lernen, Zusammenarbeit, Kommunikation, Integration verschiedener Interessen und Beiträge haben einen deutlichen Stellenwert. Der Projektunterricht kann nicht nur innerhalb einer Projektwoche spielerisch und als Abwechslung eingesetzt werden. Er eignet sich vor allem fachspezifisch oder sogar fächerübergreifend als schrittweise Reform zum herkömmlichen Frontalunterricht.
H. Gudjons (1989) begründet die Vorteile des Projektunterrichts u.a. mit folgenden lernpsychologischen Argumenten: Die gravierenden Veränderungen in den Bedingungen des Aufwachsens und in der Aneignungsweise von Kultur bei Kindern führten zu einem erheblichen Verlust anregender sinnlich-unmittelbarer aber auch sozialer Erfahrungen im tätigen Umgang mit Dingen und Menschen. Sie führten zu

vorfabriziertem Spielzeug, Verkümmern der Wege zu bloßen Verbindungslinien, zu wachsender Kulturindustrie mit Schwerpunkt Konsum und zu Erfahrungen aus zweiter Hand, die die Primärerfahrungen zu überlagern drohen (Fernsehen, Computer, ...). Deshalb ist es notwendig, tätige Aneignung von Kultur in Form von pädagogisch organisierten Handlungsprozessen zu ermöglichen. Unmittelbare Erfahrungen und Eigentätigkeit müssen gefördert und Denkstrukturen handelnd aufgebaut werden.

Reizarme Situationen und einförmige Tätigkeiten führen zur Herabsetzung der psychischen Aktivität, zu Antriebsmangel, Konzentrationsausfällen und Ermüdung (*Möller* 1987, 5.113). So bestimmt der Grad der Erregung der formatio reticularis (Hirnstammteil) durch sensorische Reize ganz entscheidend die Aktivierungslage auch des Großhirns und die freigestellte Energie. Das legt die hohe Bedeutung einer ausreichenden Beanspruchung der Sinnes- und Bewegungsorgane im Rahmen einer anregungsreichen Umwelt nahe.

„Handlungsintensives Lernen begünstigt die multidimensionale Kodierung von Informationen, da es verschiedene Sinnesorgane beteiligt, mehrere Gehirnregionen mitschwingen läßt und ein breites Netz bedeutungshaltiger Assoziationen ermöglicht“ (*Möller* 1987, S. 185). Nebeninformationen können außerdem als Hinweisreize fungieren.

Das Aneignen von Lerninhalten über das motorische Handeln haftet besser im Gedächtnis als ausschließlich verbale Übermittlung.

Die innere Anteilnahme des Kindes und eine gute Motivation, z.B. durch Selbstbeteiligung, „schaffen eine günstige Bedingung für das langfristige Behalten der damit verbundenen Inhalte“ (*Möller* 1987, S. 178f.). Das wird auch von der Kompetenzmotivation, sich in Situationen zu bewähren, bzw. zu erfahren, die Umwelt gestalten und beherrschen zu können, unterstützt. Genauso hilft die in der Anfangsphase geweckte Neugier, etwas kennenzulernen oder eine Problemfrage lösen zu wollen. (angelehnt an *Gudjons*, 1989)

Projektunterricht versucht, das Monopol des Lehrenden zugunsten eines kooperativen Planungs- und Handlungsprozesses aufzugeben bzw. Lernprozesse an den Interessen der Beteiligten zu orientieren, um eine hohe Identifikation und starke Eigendynamik zu entwickeln.

2.4 Non-direktive Therapie

Als ehemalige Mitarbeiterin von *Rogers* versuchte *Axline*, dessen Therapiekonzept und Therapieziele auf die Kinderpsychotherapie zu übertragen. Folgende Grundprinzipien bilden den Kern dieses Konzepts: Der Therapeut sollte eine warme freundliche Beziehung zum Kind aufnehmen. Er nimmt das Kind so an, wie es ist.

Er läßt das Kind gewähren, damit das Kind sich frei fühlt, alle seine Gefühle uneingeschränkt auszudrücken.
Der Therapeut versucht, diese Gefühle zu erkennen und wertfrei zu reflektieren, damit das Kind Einsicht in sein eigenes Verhalten gewinnt.
Das Kind sollte den Freiraum erhalten, Verantwortung für sein Verhalten und seine Entwicklung zu übernehmen.
Das Kind weist den Weg, der Therapeut folgt ihm, ohne dessen Handlungen beeinflussen zu wollen.
Der Therapeut setzt nur dringend notwendige Grenzen.
Volkamer / Zimmer versuchen, diese Grundsätze für eine kindzentrierte Mototherapie zu übernehmen. Sie sind der Meinung, daß Bewegungsaktivitäten einen großen Einfluß auf das Selbstwertgefühl haben. Der Erwachsene kann hinter die Material- und Spielerfahrung zurücktreten. Das Kind nimmt seine eigene Handlung, und deren Konsequenzen als direkt und selbstverursacht wahr. Die spielerische Bewegungssituation erleichtert dem Erwachsenen den Zugang zum Kind. Durch diese elementare Erfahrungsebene von Bewegung und Wahrnehmung kann das Kind lernen, in solch einem offenen, aber warmen und reflektierenden Rahmen sich, seinen Körper und seine Möglichkeiten in seiner Umwelt zu akzeptieren und weiterzuentwickeln.

2.5 Psychomotorik

Der Sportpädagoge *J. Kiphard* suchte schon in den 60er Jahren während seiner Arbeit in der Kinder- und Jugendpsychiatrie nach Alternativen zum herkömmlichen Sportunterricht. Er fand heraus, daß Probleme im sozialen oder psychisch-emotionalen Bereich fast immer mit Schwierigkeiten im Umgang mit sich, dem eigenen Körper und der gegenständlichen Umwelt einhergehen. Andererseits ziehen körperliche Defizite – deutlich bei Teilleistungsstörungen zu beobachten – als Kompensationsversuch oftmals Verhaltensauffälligkeiten nach sich. Aufgrund dieser engen Verknüpfung von Bewegung, Wahrnehmung und Persönlichkeit versuchte er durch interessantes Material- und Spielangebot einen freudvollen Umgang mit dem Körper und Bewegung ohne Leistungsdruck zu vermitteln. Über das positive körperliche, Erleben und Handeln sollte Selbstvertrauen und neue Kontaktbereitschaft geweckt werden. Vielseitige Wahrnehmungs- und Bewegungserfahrungen tragen im hohen Maße zur Erziehung der Persönlichkeit bei. Ähnlich ist nach Kiphard Selbstbeherrschung am leichtesten durch Bewegungs- und Körperbeherrschung erlernbar.
Seitdem steht der Name Psychomotorik für die Betonung des spielerischen Elements innerhalb der Bewegungsförderung mit viel Raum für

Material-, Körper- und Sozialerfahrung. Die Betonung der Stärken, und nicht das Herausheben der Schwächen, schafft die vertrauensvolle Grundlage und das notwendige Selbstbewußtsein, über diese Erfolge hinaus sich auch mit Neuem und Schwierigerem auseinandersetzen zu können.
Auffällig ist der häufige Einsatz von verschiedenstem Material, Sportgeräten, Turn- und Rhythmikmaterialien bis hin zu Alltagsmaterial, welches zu vielfältigem und abwechslungsreichem Bewegungslernen einlädt. Es läßt sich variieren, verändern und mit anderen Materialien kombinieren, so daß dadurch immer wieder neue Bewegungs- und Spielmöglichkeiten gefunden werden können (vgl. *Köckenberger* in *Fikar / Thumm*, 1992). Dadurch werden nicht nur viele Wahrnehmungssysteme stimuliert, sondern im hohen Maße Handlungskompetenz und Kreativität gefördert.
Der Erwachsene als Mitspieler ist bereit, sich ein Stück weit in die Gruppe und das soziale Gefüge der Kinder gleichberechtigt einzufügen. Er bestärkt die Kinder in Eigenverantwortlichkeit und Verantwortungsbewußtsein.

2.6 Sportpädagogen: Bauen und Bewegen

Enge Wohnverhältnisse, reglementierte Umgebung, vorgegebene Handlungs-, Bewegungs- und Spielsituationen mit viel vorgefertigtem, technisch perfektem Spielmaterial in und außerhalb der Schule, wenig Möglichkeiten der Bewegungsauslastung, der körperlichen Anstrengung, kaum Gelegenheit Spiel- und Alltagsmaterial kennenzulernen und auszuprobieren, dies alles kann zu überschießenden Bewegungsausbrüchen, sinnlosem Zerstören und zur allgemeinen Unsicherheit im Gesamtverhalten des Kindes führen. Vorgestaltete Lern- und Spielräume lassen nur Anpassung und Nutzung zu. Sie fördern die Konsumhaltung und verhindern das eigentätige Handeln und dementsprechend auch Verantwortungsgefühl.
Die Kinder werden durch räumliche Vorgaben, durch direktive Anweisungen oder durch ständige pädagogische Betreuung fremdbestimmt. Vorgegebene methodische Wege und Leistungsrichtlinien bewerten die die Anpassungsfähigkeit und klammern Kreativität und selbstverantwortliches Handeln aus. Nicht nur leistungsschwächere Schüler verlieren die Freude am Sport, an Bewegung und an der Auseinandersetzung mit dem eigenen Körper.
Sportpädagogen wie *Trebels, Kretschmer, Funke, Miedzinski* und andere sind mit den Bewegungsgegebenheiten im Sportunterricht und in der Freizeit unzufrieden.

Sie fordern mehr Gelegenheiten für großräumige Bewegungen, mehr offene Bewegungssituationen, mehr Miteinbeziehen der Schüler in die Gestaltung der Bewegungsräume bis hin zur gemeinsamen Planung und Konstruktion von Bewegungsbaustellen oder Bewegungsmaterial. Es soll Gelegenheit gegeben werden, die Materialeigenschaften kennenzulernen, eigene Ideen und Spiele auszuprobieren, herkömmliche Turn und Sportgeräte zu verändern, zu kombinieren oder artfremd einzusetzen. Den Schülern soll erfahrbar gemacht werden, daß „Bewegungssituationen nicht im traditionellen Sinne hingenommen werden müssen, sondern über eigenes Nachdenken und Entdecken selbst erzeugt werden können" (*Trebels*, 1983, S. 69). Die Schüler lernen zu planen, auszuprobieren, zu konstruieren und zu bauen. Ihre Bewegungserfahrung, ihre Bewegungssicherheit werden ebenso gestärkt wie die Handlungsfähigkeit. Kretschmer betont dies in Anlehnung an *Piaget* als bedeutenden Beitrag zur kognitiven Entwicklung. Das Bauen kann zur Wirklichkeitsbewältigung dienen und fördert Kreativität und Problemlöseverhalten. Dieser Akt der Selbstbestimmung – das Kind als Verursacher – stärkt Selbständigkeit und Selbstbewußtsein. Die Schüler lernen durch das Bauen die Eigenschaften und Verwendungsmöglichkeiten des Materials am besten kennen. Sie lernen dadurch zu variieren und Fehler zu verbessern. Sie lernen durch planloses oder experimentelles Ausprobieren, durch Nachahmung vorhandener Baustellen oder durch zielgerichtetes Planen.
Selbständigkeit kann nur durch Selbsttätigkeit erreicht werden. Um selbständiges Bauen und Bewegen miteinander sinnvoll kombinieren zu können, müssen Raum und Zeit für Kreativität, Gestaltung und Ausprobieren, für Material- und Bewegungserfahrung geschaffen werden.
„Es gibt keine fertigen Bewegungssituationen. Die Kinder schaffen sich ihre Bewegungsanlässe mit Hilfe der Bauelemente auf ihrer Bewegungsbaustelle" (*Miedzinski*, in *Trebels* 1983, S. 161). Dadurch werden Gefahrenmomente offen gelegt, Bewegungssicherheit und soziales Bewußtsein durch gemeinsames Planen und Handeln gefördert.
Der Abenteuer- und Erlebnissport verändert Sporthallen zu Abenteuer- und Erlebnisspielplätzen. Dazu werden herkömmliche Turnmaterialien, psychomotorisches Material und zusätzliches Out-Door-Abenteuer-Material verwendet. Planung, Problemlösung und Sicherheitstechniken sind in die Unterrichtseinheit integriert. Es werden Kreativität, Phantasie, Gruppenerfahrung und die Vielfalt der Sinne betont, während der Wettkampfcharakter vermieden wird. Kein Kind wird zur Teilnahme am Klettern, sich Fallen lassen, über hohe Stege balancieren etc. gezwungen. Es darf teilnehmen, es muß sich aber nicht beteiligen.

2.7 Motivation

Motivation kann als Kraft erklärt werden, die ein bestimmtes, zielgerichtetes oder ordnendes Handeln hervorruft oder in Gang hält. Allerdings läßt sich die Frage nach dem Ursprung dieses Aktivierungsprozesses nicht eindeutig beantworten. Verschiedene entwicklungspsychologische und erziehungswissenschaftliche Modelle versuchen darauf Antwort zu geben.

Die Instinkttheoretiker behaupten, daß jegliches menschliches Verhalten auf Instinkte rückführbar sei. Die behavioristische Erklärung spricht von dem Antrieb durch körperliche Mangelzustände, um nach dem Prinzip der Homöostase das physiologische Gleichgewicht wiederherzustellen. Jeder weitere in Erscheinung tretende (sekundäre) Antrieb wird mit dem Erwerb durch klassische Konditionierung erklärt. Lewin beschreibt neben den physiologischen und psychologischen Antrieben auch Objekte, die zeitweise mit unterschiedlichen Reizen besetzt werden. Die mit positiven Reizen besetzten Objekte ziehen in ihre Richtung, um mit ihrer Hilfe je nach Situation die Bedürfnisse zu befriedigen. Andere, mit negativen Reizen oder Assoziation besetzte Objekte werden in bestimmten Situationen gemieden. Zwischen Reizsituation und Handlung kann ein kognitiver Zwischenprozeß eingeschoben werden, um die Situation hinsichtlich der Erwartung künftiger Ergebnisse und der Bewertung ihrer Folgen zu beurteilen (*Heckhausen*, 1980). Ist die Erwartung in das Erreichen eines verlockenden Zieles niedrig, wird die Motivation gering sein, sich um dieses Ziel zu bemühen. Besitzt das Material einen Aufforderungscharakter mit sehr starker Signalwirkung, kann sich ihm kaum entzogen werden. Für Berlyne, einem bekannten Neugierforscher, besteht für jedes Individuum ein bestimmtes, jeweils optimales Reizniveau, um sich wohlzufühlen. Bei Absinken des Niveaus unter ein Minimum wird ein diverses Neugierverhalten geweckt, um beliebige Sinnesreize zu erfahren und dadurch der Langeweile auszuweichen. Bei einem Überangebot an Reizen entsteht ein gewisses Ruhebedürfnis.

Genauso rufen unerwartete oder unbekannte Gegebenheiten, also eine Diskrepanz zwischen Gedächtnis und momentaner sensorischer Wahrnehmung, Aufmerksamkeit hervor. Es entsteht ein Erkundungsverhalten, die notwendige Information zu gewinnen, um diese Unsicherheit zu verringern. Somit soll der Zustand von Altbekanntem, von Ordnung wiederhergestellt werden (Nunnally und Lemond in: *Mietzel* 1986, S. 252). Ist dagegen der Neuheitsgrad zu hoch, wirkt die Situation furchtauslösend und das Kind muß sich der bedrohlichen Umwelt entziehen. So spricht *Piaget* (in *Mietzel* 1986, S. 254) von der „Zone des optimalen Interesses für das, was weder zu bekannt noch zu neu ist“.

Erlernte Motive und Erwartungen sind antrainiert, anerzogen oder bedingt durch kleinkindliche Rollenerfahrung. Sie können Antriebsfeder sein, aus der kleinere Momentan- oder größere Lebensziele gebildet werden. Damit wird versucht, die Diskrepanz zwischen Erwartung und Ziel zu verringern.
Die Leistungsmotivation wird getragen durch die Hoffnung auf Erfolg, bzw. die Furcht vor Mißerfolg. Sie entsteht aus Geltungs- oder Anerkennungsbedürfnis, aus Angst vor Versagen, zur Vermeidung von Strafen, schlechter Noten oder anderen negativen Konsequenzen, zum Bewältigen von Frustration und allgemein bei Erwartungsdruck und Leistungsbewertungen. Vermehrte Angst vor Leistungsversagen hat nachweislich massive Auswirkungen auf das Leistungsverhalten. Es verunsichert das Selbstbewußtsein, stellt das Selbstvertrauen in Frage, bestärkt Selbstzweifel und fördert Resignation, Ausweichverhalten bis hin zur Hilflosigkeit.

Winnefeld dagegen glaubt an den natürlichen Lernvorgang. Die Motivation zu lernen und sich zu entwickeln, wächst in jedem Kind von selbst. *Freinet* spricht sogar vom natürlichen Grundbedürfnis, sich zu entwickeln. Auch *Montessori* betont den individuellen persönlichen Entwicklungsplan, der in jedem Kind vorhanden ist.
Bei gesunder Entwicklung muß keine Motivation zum Lernen von außen herangetragen werden, denn die Neugier – die Gier nach Neuem – als eigener, intrinsischer Antrieb zur ständigen Weiterentwicklung mit Hilfe des Ergreifens, Kontrollierens und Reagierens auf die Umweltgegebenheiten erlebt wird. So passiert aus Wissensdurst, Erlebnisdrang und Lust heraus das Lernen durch Experimentieren über Versuch und Irrtum, bzw. durch Nachahmung bis hin zu logischen Operationen.
Neuropsychologisch betrachtet, ist starke Motivation eine Grundvoraussetzung, um über die sensorische Integration eingehende Informationsreize auszuwählen, auszublenden bzw. zu verstärken, mit bisheriger oder ergänzender Information zu vergleichen und sie schließlich in der Hirnrinde in den einzelnen Gedächtniszentren abzuspeichern. Erst dadurch wird das Erlebte verwendbar, kombinierbar, variierbar und als Teil eines Handlungsplanes einsetzbar. Die Basis für ein freies und kreatives der Umweltsituation angepaßtes Anwenden des Erlernten wird auf keinen Fall über Leistungsdruck, Zwang, Auswendiglernen und Antrainieren geschaffen. Die Formatio reticularis (Teil des Stammhirns) ist für diese Informationseingänge zuständig. Außerdem regt sie im hohen Maße die Aktivierung des Großhirns an. Durch die Möglichkeit, während des Lernens multisensorisch wahrzunehmen und zu handeln, steigt die Motivation, sich wegen der Vielfalt und Abwechs-

lung der angesprochenen Sinne besser zu konzentrieren. Auch wird durch das Einbeziehen der verschiedenen Gedächtnisspeicher – motorisch, sensorisch, kognitiv – die Leistung der Lernfähigkeit erhöht. Das praktische, selbständige Erarbeiten und Erspielen von Lerninhalten wird tatsächlich „begriffen".
Die Motivation wird durch das Einbeziehen des Kindes z.B. in die Unterrichtsplanung und -durchführung gefördert. Das Kind erfährt sich dadurch nicht nur als mündigen, selbstverantwortlichen Menschen, es erlebt die Sinnhaftigkeit und subjektive Bedeutsamkeit seines Handelns durch seine Mitbestimmung, bzw. sich selbst als Ursache seines Tuns. Die einzelnen Lernziele sollten nicht zu hoch gesteckt werden, damit das Kind selbständig und mit möglichst geringer Hilfe eine Erfolgsbestätigung erhält. Dies schafft Selbstvertrauen, steigert das Kompetenzgefühl und somit die Grundlage, von sich aus erneut Schritte zum Lernen zu initiieren.
Der Lehrer wird als beobachtender, hilfsbereiter Begleiter gesehen. Erst wenn kein eigener Antrieb des Kindes vorhanden ist, kann situations- und kindbezogen durch Einsatz von Material mit hohem Aufforderungscharakter von außen motiviert werden. Es kann eine leichte Diskrepanz in der Anfangsphase (durch Überraschung, Spannung, Verblüffung, Widerspruch, Zweifel, Fragen ...) hergestellt werden, um die Neugier für das entdeckende Lernen zu wecken. Durch die Initiativmöglichkeit, z.B. über Problemlösefragen, wird die Aufmerksamkeit erhalten.
Erarbeitende Unterrichtsverfahren in Partner- und Gruppenarbeit sind oft motivierender als lehrerzentrierte.
Inhomogene Klassen fördern die wechselseitige Unterstützung und Nachahmung unter den Kindern. Kinder sind oftmals bessere Lehrer und sie festigen über ihre Hilfe ihren eigenen Könnensstand.
Die Angst vor dem Versagen kann dem Kind durch eine vertrauensvolle Atmosphäre, mit unterstützendem Lob, verbaler Bekräftigung und durch Vermeidung von Leistungsvergleichen mit anderen Kindern genommen werden. Dem Kind hilft eher das Vermitteln seines eigenen Leistungsanstiegs.
Der Lehrer sollte das tätigkeitsgerichtete, nicht das ergebniszentrierte Lern- und Spielverhalten unterstützen, da das Kind schon allein über das Ausüben einer Tätigkeit Befriedigung erfährt und lernt, nicht erst durch das Erreichen des angestrebten Zieles.

3. Projektorientierter Bewegungs- und Spielraum

Ausgehend von der Fähigkeit jedes Kindes, sich eigenständig nach einem inneren Plan entwickeln zu können, falls die notwendige reizvolle Umgebung vorhanden ist, wird es als Hauptaufgabe des Erwachsenen angesehen, eben diese entwicklungsförderlichen Räume zur Verfügung zu stellen. Der Erwachsene verläßt seine bisherige Funktion als Mittelpunkt und Lenker. Statt dessen wird er zum Vorbereiter und begleitenden Beobachter. Er schafft die Voraussetzung für eine vertrauensvolle und spielerische Atmosphäre, in der das Kind selbstverantwortlich, in seinem individuellen Tempo wahrnimmt, reagiert, sich bewegt und lernt. Ein Raum – besser noch mehrere Räume – werden aufgrund des Entwicklungsstandes der Kinder mit Material ausgestattet oder mit Aufbauten vorstrukturiert. Die Kinder wählen den entsprechenden Raum aus und benutzen ihn nach ihren Bedürfnissen. Dies können Turnhallen und Gymnastikräume, Therapieräume, Klassenzimmer, Pausenhöfe, Gänge oder Gruppenräume sein, die für eine oder mehrere Wochen ihre Ausstattung oder den vorstrukturierten Aufbau behalten.
Im Folgenden werden einzelne Aspekte ausführlicher dargestellt.

3.1 Raum

Der Raum sollte Möglichkeit für ausreichend Bewegung, Entspannung, Konzentration und Rückzug in warmer und geborgener Atmosphäre bieten.
Der Raum sollte von allem Überflüssigen und Ablenkbaren ausgeräumt sein, um eine Reizüberflutung zu vermeiden. Er sollte so abgesichert sein, daß Unfall- und Verletzungsgefahr ausgeschlossen sind, ohne daß der Erwachsene ständig aufpassen und kontrollieren muß, bzw. viele Aufbauten eine ständige Absicherung durch Erwachsene verlangen. Die Raumgröße kann den Stundeninhalt beeinflussen. Größere Räume verlocken zu großflächigeren und schnelleren Bewegungen, aber auch zum individuelleren Spielen, alleine oder in kleinen Gruppen. Sie bieten einen Rahmen für differenziertere Spiele und speziellere Material- und Bewegungserfahrung. Kleinere Räume helfen bei Konzentration und Entspannung. Sie fördern Gruppendynamik, aber auch die Auseinandersetzung innerhalb der Gruppe. Angefüllt mit viel Material animieren sie eher zu basalen Bewegungen.
Leerere Räume verlangen mehr Initiative der Kinder, den Raum mit Bewegung zu füllen. Der Erwachsene muß hierbei mehr Rahmenbe-

dingung, Spielanregung und Organisation stellen, solange die Kinder diese Leere noch nicht selbständig ausfüllen können.
Die Strukturierung des Raumes vor der Stunde ermöglicht und bevorzugt eine Reihe von Spiel-, Bau- und Bewegungsmöglichkeiten. Andere werden dadurch verhindert, vermieden oder wenigstens nicht offensichtlich angeboten. Der Verlauf der Stunde kann durch die Anfangsstruktur beeinflußt werden.
Die Raumgestaltung sollte erst dann geändert werden, wenn das Kind eine gewisse Vielfalt an Bewegung und Spiel erkundet und begriffen hat, also bereit ist, das Altbekannte und Vertraute mit Neuem zu kombinieren oder einen völlig neu eingerichteten Raum kennenzulernen. Das kann bei täglichem Gebrauch schon nach einer Woche möglich sein. Andere Raumeinrichtungen – auch die spärlicher benutzt werden konnten – sollten einige Wochen bestehen bleiben.
Schon nach kurzer Zeit ist augenscheinlich, ob die Gestaltung, die Vorstrukturierung oder das Materialangebot dem Entwicklungsstand und den Bedürfnissen der Kinder nicht entspricht, bzw. die Attraktivität des Materials nicht zur Geltung kommt. Solche Räume werden ungern freiwillig gewählt, sie schneiden in der Bewertung schlecht ab, die Kinder entwickeln in ihnen wenig Eigeninitiative und der Erwachsene ist öfters gefordert, für Spielideen und Ordnung zu sorgen. Dies sollte zu einer Veränderung des Raumes führen.
Ist dagegen die Raumgestaltung zutreffend gewählt, kann es verblüffend – oftmals sogar animierend – sein, die Kinder darin zu beobachten, mit welcher hohen Motivation, Begeisterungsfähigkeit und Bewegungslust, mit welchem kreativen Handeln und Ideenreichtum die Freiräume gestaltet und bewegt werden, mit welcher Selbstverständlichkeit die Verantwortung für das eigene Lernen und die eigene Befindlichkeit in die Hand genommen wird.

3.2 Material

Es wird Material in dem Raum angeboten.
Die Auswahl des Materials richtet sich nach dem Entwicklungsstand und den Bedürfnissen der Kinder. Stehen mehrere Räume zur Verfügung, ist es naheliegend, die Räume zu unterschiedlichen Themen und Bereichen zu gestalten. So kann das Kind z.B. zwischen grobmotorischem Ausagieren, feinmotorischem Konzentrieren, gestalterischem Bauen und dem sich Aussetzen bestimmter Wahrnehmungsreize wählen.
Die Menge des Materials sollte der Größe des Raumes und der Zielsetzung angepaßt sein. Eine große Anzahl gleichen Materials führt eher zu großräumigen, basalen Bewegungen oder zum Bauen, eine kleine

Anzahl eher zur intensiveren und konzentrierteren Auseinandersetzung mit dem Material.
Das Material sollte einen hohen Aufforderungscharakter besitzen, es zu erkunden, zu ergreifen und in Besitz zu nehmen, es zu bewegen und sich mit ihm zu bewegen, es zu begreifen, mit ihm zu planen, zu bauen und zu gestalten.
Das vorgegebene Material anfangs der Stunde kann schon eine bestimmte Richtung des Stundenverlaufs vorgeben:

- Das Material liegt im Raum verteilt. Dies betont das großflächige Spiel.
- Das Material versperrt den Eingangsbereich. Die Kinder müssen sich mit dem Material auseinandersetzen, um den Raum betreten zu können. Dies bahnt einen ersten Kontakt bzw. das Ausagieren an.
- Das Material ist im Raum versteckt. Dies erhöht die Spannung und die Motivation, sich mit dem Material zu beschäftigen.
- Das Material ist in einer Ecke des Raumes gestapelt. Dieses neutrale Angebot schafft den Freiraum zum eigenen Gestalten. Es kann die Kinder dazu führen, am Ende der Stunde die anfängliche Ordnung wiederherzustellen.
- Mit dem Material sind einzelne Aufbauten oder Strukturen geschaffen. Dadurch werden einzelne Bau-, Spiel- und Bewegungsmöglichkeiten aufgezeigt.
- Das gesamte Material ist aufgebaut. Der Raum ist vorstrukturiert. Dadurch wird ein Beispiel einer Aufbausituation dargestellt oder es wird eine bestimmte Bewegungs- und Spielmöglichkeit angeboten. Dies ist auch bei komplizierten und aufwendigen Aufbauten, die von Kindern nicht gestaltet werden können, notwendig.
- Im Raum wird ausschließlich eine bestimmte Menge eines Materials angeboten. Dies hilft dem Kind, sich mit diesem Material auseinanderzusetzen. Es wird nicht von einer Vielfalt von Materialien abgelenkt und durch verschiedene Reize überflutet. Dadurch ist es nicht verführt, ständig das Material zu wechseln und einer intensiveren Beschäftigung auszuweichen.
- Im Raum werden in den Ecken ähnliche Materialien angeboten. Dadurch kann das Kind lernen, das mit einem Material Erlebte auf ein Ähnliches zu übertragen, es zu vergleichen und einzuordnen.
- Im Raum werden zwei Materialien gleichzeitig angeboten, die miteinander kombiniert neue Spiel- und Bewegungsräume eröffnen. Meist ist es wichtig, diese Materialien in früheren Stunden schon einzeln kennengelernt zu haben.

- Zu einem Oberthema (z.B. Gleichgewicht) werden in einem Raum verschiedene Materialien oder Aufbauten angeboten. Die Stimulation und reaktive Bewegung schult dieses bestimmte Wahrnehmungs- und Bewegungsgebiet. Das Vergleichen und die Variation der Auseinandersetzung mit einem Thema fördert das Körperschema.
- In einem Raum werden zu verschiedenen Themen verschiedene Materialien und Aufbauten angeboten. Dadurch lernt das Kind, sich seiner Bewegungs- und Spiel-Interessen bewußt zu werden und dementsprechend auszuwählen. Es lernt, sich zu konzentrieren, d.h. Nebensächliches auszublenden. Wichtig ist dabei eine klare Struktur und räumliche Trennung des Materials.

Neue Bau- und Bewegungsmöglichkeiten können entstehen, wenn die räumliche Trennung aufgehoben wird und spontan und kreativ verschiedene Materialien miteinander kombiniert werden dürfen.
Bei der Auswahl und Strukturierung des Raumes mit Material sollte der Grundsatz berücksichtigt werden, daß „zuviel Neues erschreckt, zuviel Altbekanntes an Reiz verliert". Das Kind findet durch die Auswahl vertraute Spielsituationen und Aufbauten, die es nicht überfordern, aber auch Neues, das es herausfordert. So bietet es sich an, anfänglich nach einer gezielten Auswahl von Aufbauten im Raum die Aufbauten stufenweise zu erweitern und zu ergänzen.
Das Material kann durch seine typischen Eigenschaften von anderem Material unterschieden werden.
Spezielle Bewegungen werden erst durch die Charakteristik des Materials und des gestalteten Raumes ermöglicht.
Erlernte Bewegungen werden durch ähnliches, später artfremdes Material verfestigt. Durch eine leicht veränderte Situation in der Raumgestaltung wird eine erneute Anpassung des Kindes an die Umwelt verlangt. Dies fördert nicht nur die Abrufbarkeit eines speziellen Bewegungsmusters, sondern auch allgemein der Anpassungsfähigkeit.

3.3 Kind

Das Kind benötigt Sicherheit, Halt und eine vertrauensvolle Atmosphäre, damit es an Selbstbewußtsein gewinnt, um selbständig an seinen eigenen Entwicklungsgrenzen mit Spaß und Ausdauer üben zu können.
Je weiter sein Freiraum gesteckt ist, desto mehr benötigt das Kind einen klareren Rahmen. Es müssen Minimalforderungen absolut eingehalten werden, damit der Freiraum kreativ und selbstverantwortlich genutzt werden kann und nicht in Langeweile, Selbstzweifel, Zerstörung und Chaos mündet. Solche Minimalforderungen können sein:

Es darf niemand verletzt oder ihm wehgetan werden, es darf kein Material mutwillig zerstört werden, die Versammlungs- oder Stopsignale müssen beachtet werden, der Raum darf nicht ohne Abmeldung verlassen werden.
Wenn es für ein Kind ungewohnt ist, innerhalb eines offenen Rahmens frei bewegen, spielen und gestalten zu dürfen, können dadurch anfangs Schwierigkeiten entstehen. Das Kind kann durch das abrupte Umstellen von lehrerzentriertem Befolgen von Anweisungen auf kindzentriertes selbstverantwortliches Gestalten überfordert sein. Es muß sich langsam daran gewöhnen. Dies kann in kleineren Abschnitten einer Unterrichtseinheit, durch Animation anderer Kinder oder des Lehrers erfolgen oder durch Lösen von Bewegungsaufgaben, durch problem-themenorientiertes Handeln und durch Verändern von vorgegeben Aufbauten und Spielsituationen. Hilfreich ist auch die Auseinandersetzung mit sportfremdem Material, das zu Bewegungsaufgaben und Spielen führen kann.
Schrittweise wird das Kind lernen, Verantwortung für sich, sein Wohlbefinden, das Material und die gesamte Gruppe zu übernehmen.
Genauso wird es lernen müssen, selbständig einen gesunden Wechsel zwischen Aktivität und Ruhe, konzentriertem Spiel und Gruppendynamik zu vollziehen. Die in jedem Raum angebotene Rückzugshöhle (z.B. in Form eines Kuppelzeltes oder eines verdeckten Tisches) oder das Angebot der Massage in einer „Reparaturwerkstatt" unterstützen diese Selbstregulation. Das Kind sollte keine übermäßigen Anforderungen, Leistungsvergleiche und Kontrollen spüren. Vielmehr sollte es in seinem momentanen Leistungsstand bestärkt werden.
Das Kind sollte die Zeit und den Raum erhalten, sich spielerisch, solange es will, an einem Thema, einem Entwicklungsschritt aufhalten zu können.
Es darf solange alte Spiel- und Bewegungsmuster wiederholen, bis es von sich aus aufgrund eines stabilen Bewegungs- oder Spielmusters die Bereitschaft zeigt, zu variieren, abzuändern und Neues zu entdekken. Das Kind darf bewegungs- und bedürfnisorientiert spielen. Es muß nicht zielgerichtet mittels eines vorgegebenen methodischen Weges möglichst geradlinig und schnell bestimmte Bewegungsmuster oder pädagogische Ziele perfektionieren. Schon die Auseinandersetzung mit Material, dem Herausfinden und Erarbeiten einer Lösung, schon der spielerische Weg verschaffen dem Kind Befriedigung, nicht erst das Erreichen eines Zieles. Das Kind muß nicht ständig am Spielgeschehen teilnehmen. Es muß sich nicht immer aktiv bewegen. Auch durch Beobachtung und Wahrnehmung wird Lernen angeregt. Das automatische Aufkommen von Widerstand und Opposition bei steter Animati-

on und Zwang wird dadurch aufgebrochen. Das Kind fühlt sich ernst genommen, auch in seiner Unlust. Es darf sich zurückziehen. Es erhält die Gelegenheit, selbstverantwortlich Ruhe- und Aktivphasen zu wählen. Es darf aber nicht das Spiel anderer Kinder stören.
Freie Spielsituationen ermöglichen Kennenlernen und Ausprobieren des Materials; sie erfordern aber auch Kreativität und selbständiges Handeln.
Folgende Bedingungen können für das Kind *motivierend* sein, sich in Bewegungs- und Spielsituationen für den eigenen Lern- und Entwicklungsprozeß zu engagieren:

- Freie Wahl der Lernsituation und der Rahmenbedingungen (des Raumes) aufgrund der eigenen Bedürfnislage.
- das Betonen der Eigenverantwortlichkeit für den Stundenablauf
- der Einsatz von Material, das in sich einen hohen Aufforderungscharakter besitzt
- das Vermeiden von Wettkampfcharakter, Leistungsvergleich und -druck
- das Schaffen einer vertrauensvollen, spielerischen und lustbetonten Atmosphäre
- das Schaffen von Selbstvertrauen und Kompetenzgefühl
- Das Erwecken von Neugier durch angemessen unerwartete oder ungewohnte Situationen.
- das Verwenden von erreichbaren Zielen

3.4 Erwachsene

Der Erwachsene weiß aufgrund ausführlicher Diagnostik und ständiger Beobachtung über den momentanen Entwicklungsstand des Kindes Bescheid. Er kennt nicht nur die Schwachstellen, sondern auch die Vorlieben, Stärken und Bedürfnisse des Kindes. Er findet heraus, was dem Kind in seiner Entwicklung weiterhelfen könnte. Dementsprechend macht er Materialangebote, strukturiert die Räume oder paßt sie durch Veränderungen den Bedürfnissen der Kinder an, um den pädagogischen und therapeutischen Zielen näherzukommen.
Zuerst sollte der Schwerpunkt im Betonen der kindlichen Stärke angesiedelt sein. Deshalb dürfen weder der Aufbau noch der Erwachsene das Kind überfordern oder zu einem Entwicklungsschritt drängen. Dies verlangt ein Umdenken in der methodisch-didaktischen Planung, weil der Stundenablauf nicht mehr allein vom Konzeptpapier abhängt, sondern vom Kind (um-)gestaltet werden kann. Dies verlangt viel Geduld

vom Erwachsenen: Die Verantwortung für Entwicklung und einzelne Lernschritte mit dem Kind zu teilen, das kindgerechte Lerntempo zu akzeptieren und zu unterstützen. Das erfordert viel Vertrauen in die Eigenständigkeit und in den inneren Entwicklungsplan eines Kindes; aber auch Vertrauen in die eigene Motivation des Kindes und den inneren Antrieb, sich zu entwickeln und zu bewegen.
Dagegen sollte der Erwachsene den notwendigen Rahmen für eine selbständige Entwicklung zur Verfügung stellen. Der Rahmen beinhaltet nicht nur die Vorbereitung des Aufbaus, die anfängliche Gestaltung des Raumes, sondern auch das Schaffen einer Atmosphäre von Geborgenheit, Verstanden- und Akzeptiert-Fühlen und Sicherheit als Grundlage für die Entfaltung von Selbstvertrauen.
Der Erwachsene gibt seine bisherige Stellung im Mittelpunkt zugunsten einer konzentriert beobachtenden Position auf. Nur wenn es dringend erforderlich ist, greift er in das Spielgeschehen ordnend und mit Spielideen ein, oder gibt einzelne Hilfestellungen zur Bewältigung schwieriger Bewegungsabläufe. Diese Dringlichkeit kann gegeben sein, wenn Kinder durch die Raumstruktur über- bzw. unterfordert sind, wenn Kinder noch nicht selbständig über längere Zeitspannen handeln können, wenn das Materialangebot falsch ausgewählt wurde oder wenn Kinder soziale Integrationsprobleme haben.
Der Erwachsene kommentiert bestärkend oder neutral reflektierend, aber nicht wertend oder mit anderen Kindern vergleichend.
Der Erwachsene darf seine Zielsetzung trotz aller Geduld und Kindzentriertheit nicht aus den Augen verlieren. Er besitzt die Möglichkeit, die Struktur und das Materialangebot des Raumes oder der Räume vorzugeben oder zu verändern. Er kann auch von den Kindern entdeckte Spiele oder Bewegungen aufgreifen und zielgerichtet modifizieren, oder offene Bewegungsaufgaben entsprechend der Zielrichtung anbieten.
Die Planung und Gestaltung der Räume bedarf einer guten Zusammenarbeit im Team. Die Gestaltung der Räume muß aufeinander abgestimmt werden. Sie sollten von mehreren Gruppen, Klassen oder der gesamten Einrichtung genutzt werden können; teils nacheinander, teils gemeinsam in leistungs- und altersheterogenen Gruppen. Dies fördert einerseits das Lernen durch Nachahmung, andererseits lernen die älteren oder – in diesem Raum – kompetenteren den jüngeren oder schwächeren Schülern zu helfen.
Je mehr Erwachsene zusammenarbeiten, desto mehr Räumlichkeiten können miteinbezogen, umgestaltet und unter Schwerpunkt-Themen eingerichtet werden. Auch für einen aufwendigeren Auf- und Abbau sind mehrere Erwachsene notwendig. Z.B. kann die von allen Klassen genutzte Sporthalle nur in Absprache aller beteiligter Lehrerin-

nen und Erzieherinnen für eine oder mehrere Wochen vorstrukturiert bleiben.
Durch das gemeinsame Nutzen der Räume wird der Unterricht und die Stellung des Erwachsenen nach außen hin transparenter. Er arbeitet nicht mehr hinter verschlossenen Türen. Dadurch stellt er seinen pädagogischen oder therapeutischen Stil zur Diskussion. Er erhält durch das Beispiel anderer Erwachsener Anregungen. Nach einer Übergangszeit profitiert durch die engere Zusammenarbeit nicht nur der einzelne Erwachsene, sondern auch die Entwicklung des sozialen Empfindens der Kinder durch die Vorbildfunktion der Erwachsenen.
Diese projektorientierten Bewegungs- und Spielräume können nicht nur Sportlehrer oder Therapeuten benutzen. Es kann für jede Klasse eine sinnvolle Ergänzung der Unterrichtsinhalte sein. Neben der körperlichen Abwechslung, der Entspannung durch Bewegung und der Förderung von Selbstbewußtsein und Persönlichkeitsentwicklung auch zur Vermittlung der Voraussetzungen zum Erlernen der Kulturtechniken: außer den basalen Wahrnehmungs- und Bewegungsbereichen werden z.B. Auge-Handkoordination, räumliche Wahrnehmung und der Aufbau von Planungs- und Handlungsfähigkeit spielerisch erfahren und geübt.

3.5 Methodischer Aufbau

Manchmal kann die Umstellung Erwachsenen wie Kindern nicht leichtfallen, sich auf Freiräume einzulassen, sie zu ergreifen und mit Sinn zu füllen.
Deshalb sollte der methodische Aufbau bis hin zum selbstverantwortlichen Gestalten und Benutzen der Bewegungs- und Spielräume auch kind- und erwachsenenabhängig sein. Darum gibt es mehrere Vorgehensweisen:

I. 1. Schritt: In einer freien Spielsituation wird Material kennengelernt und ausprobiert.

2. Schritt: Die Vorschläge der Kinder werden aufgegriffen und zur Nachahmung allen Kindern angeboten. Die Kinder lernen, sich gegenseitig ihre Ideen und neuen Bewegungsformen zu zeigen.

3. Schritt: Die Kinder planen zusammen mit dem Erwachsenen verschiedene Spiele, Bauten, Projekte und handeln, üben und spielen anschließend gemeinsam.

II. 1. Schritt: Die Kinder probieren einzelne vorgegebene Spielideen solange aus, bis ein gewisses Repertoire vorhanden ist.

2. Schritt: Sie planen und spielen alleine oder gemeinsam, erfinden neue Ideen und probieren sie aus.

III. 1. Schritt: Der Erwachsene spielt auf der Kinderebene mit. Dadurch hat er die Gelegenheit, unauffällig verschiedene Bewegungs- und Baumöglichkeiten in seinen Spielen aufzuzeigen und anzubieten.

2. Schritt: Wenn die Kinder die notwendige Bewegungs-, Material- und Handlungserfahrung besitzen, werden sie beginnen, selbstverantwortlich zu spielen und eigene Ideen einzubringen.

IV. 1. Schritt: Der Raum wird komplett vorstrukturiert. Das Materialangebot ist vollständig und thematisch aufgebaut.

2. Schritt: Die Raumstruktur ist variabel oder sie ist ergänzungsfähig. Es gibt Lücken oder unvollständige Aufbauten.

3. Schritt: Die Kinder bauen mit dem angebotenen Material selbständig die bekannte Struktur auf.

4. Schritt: Die Kinder bauen mit dem angebotenen Material selbständig frei gewählte, variierte oder neue Strukturen auf.

5. Schritt: Die Kinder planen aufgrund vorgegebener oder frei gewählter Thematik eine Struktur oder Spiele und führen diese in eigener Verantwortung durch.

4. Beschreibung der einzelnen Räume

Sprungkabinett

Förderschwerpunkt:
Vestibuläre Wahrnehmung
Tonusaufbau
Körperschema

1. Material:

- das große Trampolin, das große Airtramp (Luftkissen 8m x 8m)
- verschieden stark gespannte Trimpoline (Durchmesser: 1m, verschiedene Anzahl von Spannfedern entfernen) und Reuter-Sprungbretter
- Minitramps und Weichbodenmatte
- eine Fläche mit drei bis vier Ebenen von **Sprungfedermatratzen** von Kästen umrandet
- eine Fläche von aufgeblasenen **LKW-Schläuchen**, bedeckt mit Turnmatten, von Kästen umrandet
- eine Fläche von gleich großen Gummi-/**Pezzibällen**, bedeckt mit Turnmatten, von Kästen umrandet
- ein großer Pezziball, in einem LKW-Reifen gehalten
- mehrere **Hüpf**-/Känguruh**bälle** mit Haltegriffen
- **Federbrett:** An die Unterseite eines ca. 1m x 1m großen stabilen Brettes wird in der Mitte eine starke, breite Spiraldruckfeder (im Eisenhandel erhältlich) befestigt. Dieses Brett ist in alle Richtungen wackelig.
- **Federbrett II:** An die Unterseite eines bis zu 2m x 2m großen stabilen Brettes werden 4 Spiraldruckfedern, in allen Ecken, befestigt. Die Stärke der Federn ist variabel. Dieses Brett wippt je nach gewählter Federstärke
- **Federschuhe:** An der Unterseite von Skistiefeln wird eine breite Spiraldruckfeder befestigt.
- **Federstab:** An einem kräftigen Stab mit Haltegriff am oberen Ende und Fußbrett am unteren Ende ist eine starke Spiraldruckfeder (z.B. Autostoßdämpfer) angebracht. Im Sportversand ist er als Jet-Pol erhältlich.

- **Federschaukel:** Ein Brett wird an einer Spiralzugfeder aufgehängt (z.B. eine/mehrere Expanderzüge). Das Kind sitzt auf dem Brett und stößt sich mit den Füßen vom Boden ab.
- Über einen LKW-Schlauch/Reifen wird ein stabiles Tuch mit Gummischnur gespannt.
- **Wippe:** Über eine Holzrolle wird eine Langbank quer gelegt, so daß zwei Kinder sich gegenseitig wippen können.
- **Doppelwippschaukel:** An einem starken Seil, das über eine Winde, an der Decke befestigt läuft, ist an jedem Ende ein Brett befestigt. Jeweils ein Kind sitzt auf dem Brett, so daß es sich mit den Füßen abstoßen kann, während das andere Kind auf dem anderen Brett sich in der Luft befindet. Es können Deckenhaken, Stahldekkenträger, Hochreck oder -barren, evtl. die Ringeaufhängung in der Turnhalle verwendet werden. Benötigt wird ein Sicherungsseil, so daß jeweils die eine Schaukel in einer bestimmten Höhe blockiert wird, z.B. durch Knoten im Seil oder eine Sicherung zwischen beiden Sitzbrettern.
- Die Kinder springen von Kasten/Sprossenwand hinunter in eine **Weichbodenmatte**
- markierte aufgeklebte 10-er Kästchen zum **Kästchenhüpfen** (Kinderspiel)
- aufgespannte Gummischnur zum **Gummitwisthüpfen**

2. Aufbau:

- Das große Material ist an geeigneten Plätzen im Raum verteilt, Sprungflächen (Matratzen, Schläuche ...) sind entweder direkt nebeneinander zum besseren Vergleich aufgebaut, oder in den verschieden Ecken. Sie werden von Kästen oder Langbänken umrandet, damit sie nicht auseinander- oder verrutschen können.
- Das kleinere bewegliche Material wird an einer Seite angeboten, evtl. durch Langbänke von dem übrigen Raum abgetrennt. (Hüpfbälle, Federschuhe, Federstab ...)
- Die Trimpoline, Minitramps und Reuterbretter werden an einer Wand entlang nebeneinander aufgestellt. An der Wand befinden sich Markierungslinien (10 cm Höhenlinien), so daß die Kinder vergleichen können, mit welchem Sportgerät höher gesprungen werden kann.

  Wird die Trimpolinreihe seitlich mit Matten abgesichert (bei Abständen auch zwischen den Geräten), können die Kinder auch die Reihe entlang springen.

– Der große Pezziball kann neben die Sprossenwand gestellt werden, so daß die Kinder sich, falls nötig, festhalten können.

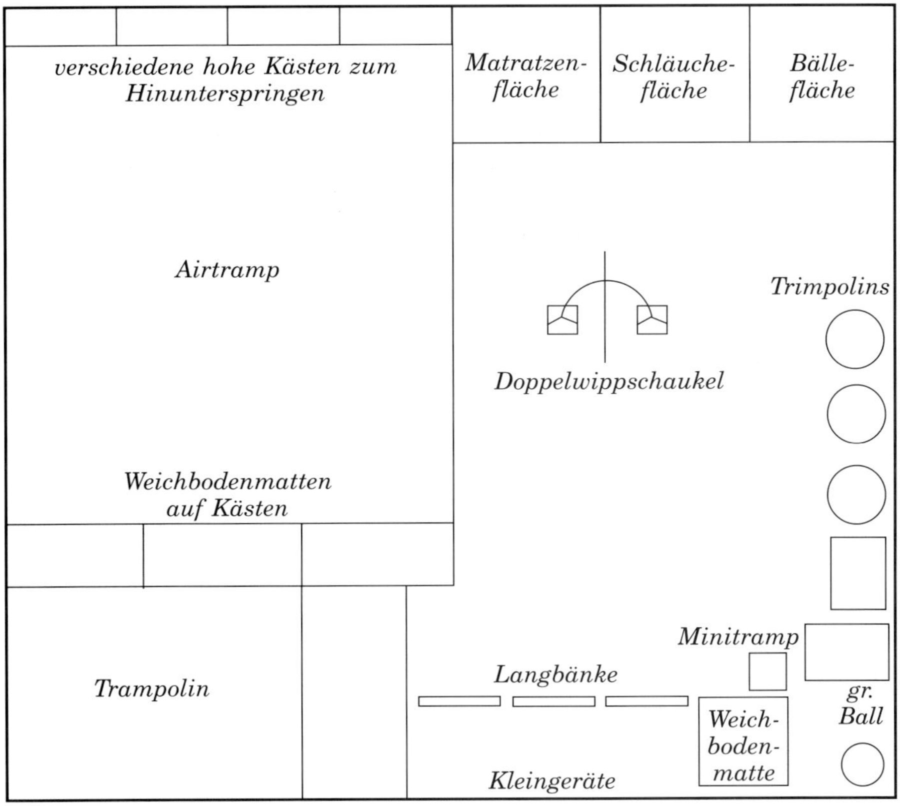

3. Lernspiele:

– Die Kinder benutzen die Geräte in freier Wahl und freiem Wechsel
– Die Kinder wechseln im Stationsbetrieb auf Signal alle 5 Minuten.

4. Bemerkungen:

– Das Sprungkabinett stimuliert im hohen Maße das Vestibulärsystem. Deshalb sollte darauf geachtet werden, daß die Kinder nicht überfordert werden und sich daran gewöhnen, selber Pausen einzulegen (z.B. in einer im Raum aufgebauten Höhle, Kuppelzelt, Ausruhplatz aus Weichboden und Fellen).

- Die bewegungsfreudigen und die hyperaktiven Kinder können sich ausagieren, wobei darauf zu achten ist, daß sie durch die ständige Bewegungsmöglichkeit nicht zu sehr überdreht und unkontrolliert werden.
- Die bewegungsängstlichen Kinder lernen in kleinen Schritten ihre Angst zu überwinden und gewinnen Freude an der stimulierenden Bewegung und dem ungefährlichen Hinfallen.
- Anfallsgefährdete und herzkranke Kinder dürfen nur unter Aufsicht und in wohldosiertem Maße springen.
- Die Geräte müssen so mit Matten o.ä. abgesichert sein, daß keine Unfallgefahr besteht. Spezielle Geräte (z.B. Trampolin) benötigen immer die Aufsicht eines Erwachsenen.
- Ein Stop- und Versammlungssignal muß in diesem Raum unbedingt beachtet werden.
- Das kleinere, bewegliche Material darf nicht mit dem größeren Materialaufbau vermischt werden, damit die klare Struktur erhalten bleibt und Unfallgefahr vermieden wird. Eine solche räumliche Trennung kann z.B. durch Langbänke erreicht werden.
- Durch die Vielfalt an verschiedener Sprungqualität lernt der Körper sich dem Gerät anzupassen, die Bewegung und Kraft zu dosieren und zwischen den verschiedenen Geräten zu unterscheiden. Dies alles fördert das Körperschema.

- **Schaukelstuhl, Schaukelpferd, Bürodrehstuhl**
- **Drehkreisel:** Ein Brett (Durchmesser 1 m), auf eine Fahrradfelge montiert, läßt sich in einer Fahrradachse auf einem flachen Gestell drehen. Eine ähnliche Drehscheibe ist im Sportversand erhältlich.

3. Lernspiele:

- Die Kinder können das Material frei ausprobieren.
- Die Kinder wechseln im Stationsbetrieb

4. Bemerkungen:

- Ähnlich wie im Sprungkabinett wird in diesem Raum das Vestibularsystem stark stimuliert. Deshalb ist eine Höhle zum Zurückziehen und Ausruhen anzubieten. Hyperaktive Kinder sollten beobachtet werden, daß sie nicht überdrehen oder planlos von Gerät zu Gerät rennen, ohne an einem Gerät eine zeitlang gespielt zu haben. Genauso sind aus medizinischer Sicht Herz-Kreislauf-gefährdete und Anfalls-Kinder zu beobachten.

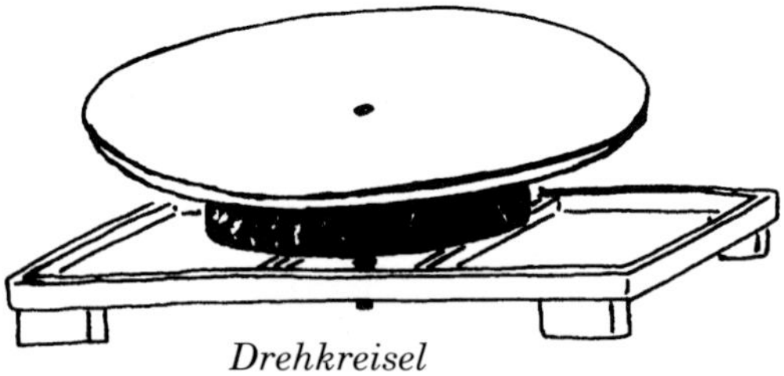

Drehkreisel

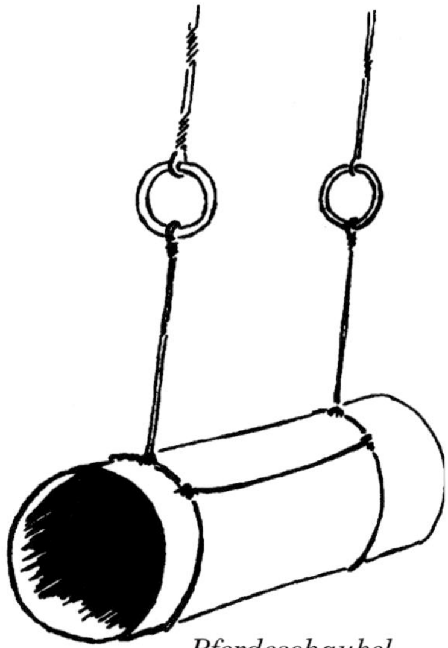

Pferdeschaukel

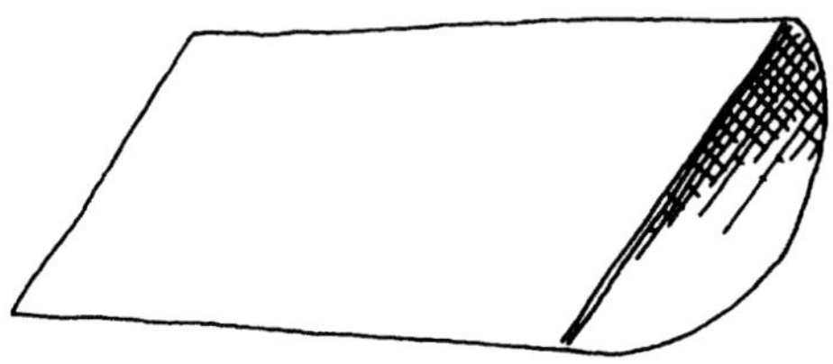

Schaukelbrett

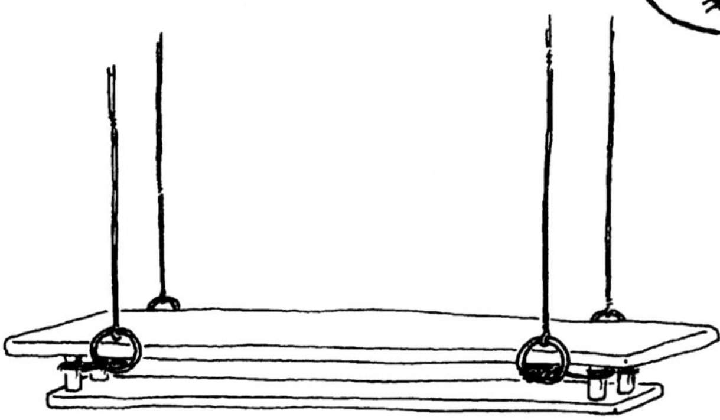

Langbankschaukel

Rollerbahn

- Der Vestibular-Zircus kann gut mit dem Sprung-Kabinett kombiniert werden.
- Alle Geräte können in verschiedensten Lagepositionen (Stehen, Knien, Liegen, Sitzen ...) benutzt werden. Durch eine Veränderung der Lage wird nicht nur ein anderer Teil des Vestibulums, sondern auch eine andere Gleichgewichtsreaktion gefordert.
- Auch anscheinend passive Geräte (z.B. Hängematte, Schaukeln) können in aktive und aktivierende Geräte umgewandelt werden, indem das Kind sich selber an einem Seil ziehend schaukelt, bzw. eine höhere Position einnimmt.

Kletterdschungel

Förderschwerpunkt:
grob- und feinmotorische Koordination
Körperschema

1. Material:

- Kästen, Stufenbarren, Reck, Langbänke, Pferd, Schwebebalken, Weichboden- und Turnmatten, Sprossenwand, Taue
- Leitern, Rutschen, Hänge- und Strickleitern, große dicke Kletternetze, Autoreifen, Kriechtonnen und -tunnel, Seile zum Befestigen

2. Aufbau:

- Die Kletterlandschaft ist vorgegeben und schon aufgebaut
- Die Kinder erhalten/zeichnen einen Plan und bauen selbständig danach auf
- Die Kinder konstruieren mit dem angebotenem Material selbständig eine Kletterlandschaft
- Die steilen **Berge** zum Hochziehen mit einem Tau und die flachen Schrägen zum Hochkrabbeln und Hinunterrollen (auch in einer Tonne) bestehen aus Weichbodenmatten, die an Stufenbarren, hohen Kästen oder Sprossenwand schräg aufgerichtet sind. Oder mehrere Langbänke werden nebeneinander an Sprossenwand, Kästen, Reck oder Barren eingehängt und mit Turnmatten belegt. Das herunterhängende Tau hilft beim Hochgehen und -krabbeln.
- Die breiten oder schmalen **Rutschen**, die auch durch Tunnel führen können, bestehen aus mehreren nebeneinander an der Sprossenwand o.ä. eingehängten Langbänken oder gekauften Holz- bzw. Metallrutschen zum Einhängen. Der Tunnel der **Tunnelrutsche** wird aus hohen Kästen, mit Turnmatten verbunden, gebildet, die eine Rutsche auf beiden Seiten umgeben.

  Ein Stück umgedrehter Teppichboden oder eine Decke beschleunigt die Abfahrt.

  Die **labile Rutsche** besteht aus einer Langbank, die mit einem Ende an von der Decke herunterhängenden Tauen befestigt und hochgezogen ist.
- Die **Höhlen, unterirdischen Gänge** und **Kriechtunnel** werden aus hintereinander aufgestellten Kastenteilen, aus dicken Pappröh-

ren gebildet, bzw. aus Kästen, Barren, Langbänken, Tischen, umgekippten Toren, die mit Matten oder Matratzen bedeckt sind.

In die Kriechtunnel aus Stoff, die als Möbelbezug meterweise im Stoffhandel erhältlich sind, oder die aus verschiedenen Stoffen zusammengenäht werden, können Papptonnen oder Holzreifen als Stützhilfen, Einstiegsstabilisation, bzw. zum Festbinden an andere Geräte eingenäht werden. Sie können auch über schmalere Rutschen als Tunnelrutsche gezogen werden.

- Die **Balancierstege** bestehen aus Langbänken, Leitern oder Brettern (mit Einhängevorrichtung), die zwischen Barren, Kasten, Sprossenwand und Reck in unterschiedlichen Höhen eingehängt werden. Evtl. ist eine Absicherung aus seitlich gespannten Seilen (Handführung) notwendig.
- Die **Hängebrücken** bestehen aus stabilen Hängematten, Strickleitern oder Tauen (mehrere Taue parallel nebeneinander bzw. zwei Taue übereinander für Hand und Fuß), die zwischen verschiedenen Sportgeräten, Wandhaken oder Sprossenwand aufgespannt werden.

  Ein großes stabiles Netz kann senkrecht als Kletterwand oder waagrecht aufgespannt werden.
- Die Kletterstangen lassen sich mit speziellen Querverbindungen in variabler Höhe und abgepolsterten Verschlüssen in die Kletterlandschaft integrieren. Ab einer bestimmten Höhe müssen Weichbodenmatten unterlegt werden, es wird ein Erwachsener als Aufsicht benötigt, bzw. das Kind darf nur noch angeseilt und wie in einer Kletterwand gesichert klettern.
- Die **labile Wackel-Leiter** ist eine bewegliche Leiter, deren eines Ende mit Scharniergelenk oder Schraube an einer Metallplatte verankert wurde, und deren anderes Ende mit einer Zugfeder (Expander) nach oben hin angebunden ist, abgesichert durch eine bestimmte mitlaufende Seillänge. Dadurch kippt die Leiter bei Gewichtsverlagerungen und beim Hinaufklettern in einem bestimmten Winkel.
- Die **wackeligen Straßen** bestehen aus Matten, die auf Autoreifen, Schaukelbrettern und Sportkreisel, oder auf sehr niedrig und evtl. schief aufgehängten Schaukeln liegen. Langbänke werden auf ein Reuterbrett, ein Kantholz, zwei Rollbretter o.ä. gestellt, so daß sie während des Darüberlaufens kippen.
- Genauso wackelig ist eine an Seilen oder Expanderzügen längs zwischen den Barrenholmen aufgehängte Langbank (**Steg**).
- Offene **Kästen** laden zum Hineinklettern und Verstecken ein.

– Die an der Decke befestigten Klettertaue dienen als **Liane** zwischen zwei Kästen.

3. Lernspiele:	**Ziele:**
– Die Kinder **bauen auf** mit dem angebotenen Material im Raum, oder aus dem gesamten Geräteraum, mit eigenen Ideen oder Anregungen aus früheren Stunden	Praxie Figur-Grund-Wahrnehmung
– Was hat sich am Aufbau seit letzter Übungsstunde **verändert?**	Bewegungs- oder visuelles Formgedächtnis
– **Finden** verschiedene Kletterwege, zeigen sie, klettern die Wege gemeinsam oder mit zeitlichem Abstand nach.	grobmotorische Koordination Kooperation
– Die Kletterer sind **zu zweit** angeseilt und helfen sich gegenseitig. Je kürzer das Seil, um so schwieriger das gemeinsame Bewegen. Dies ist auch in der Gruppe möglich.	
– Auf Signal werden die höchsten/niedrigsten Stellen gefunden und erreicht oder die hölzernen, blauen, schrägen ... (z.B. sind in einem Fangspiel die Kinder nur an diesen immer wieder neu angesagten Stellen vor dem Fänger sicher).	räumliche Orientierung
– **Fangspiele:** Die Spinne fängt die Fliegen und bringt sie in ihr Spinnennetz. Dort können sie von anderen Fliegen wieder befreit werden.	Ausagieren Grobmotorik Ruhepausen
Oder der alte träge langsam schleichende Löwe treibt seine Opfer in gefährlichere Zonen, um sie dort auffressen zu kön-	taktile Reizung

Lernspiele: **Ziele:**

nen. Oder im Dunkeln hat nur der Fänger keine Taschenlampe, die er von jemanden klauen will, der dann ohne Lampe zum Fänger wird, bzw. der Fänger versteckt die Lampen, damit kein Kind mehr eine Lampe besitzt. Aber die Kinder suchen und finden wieder ihre oder irgend eine Lampe.

- Genauso kann **Verstecken** oder eine Schatzsuche nach verstecktem Material gespielt werden.

  Konzentration
  Figur-Grund-Wahrnehmung

- Es kann auch ein **Parcours** konstruiert werden, so daß die Kinder ohne Bodenkontakt alle Aufbauten durchklettern können. In diesem Parcours können auch große Schaumstoffwürfel, Blechdosen als Stege und labile Rollbretter zum Darüberbalancieren verwendet werden.

4. Bemerkungen:

- Dieser gestaltete Raum reizt vor allem die vestibulär-taktil-kinästhetische Wahrnehmung und fördert basale Bewegungen (Rutschen, Fallen, Klettern, Springen, Verkriechen) die aber bald Hand in Hand mit dem Angstabbau, als Körperschema und Gleichgewicht im Balancieren entwickelt werden. Entsprechend der visuellen Wahrnehmungsentwicklung bildet sich über Körper- und Bewegungserfahrung die räumliche Orientierung und Raumlage aus.
- Durch das integrierte Parallelangebot von einerseits Bergen und Rutschen zum Ausagieren, von Hängebrücken und Stegen zum Konzentrieren und andererseits von Höhlen und Kriechtunnels zum Entspannen, kann das Kind nicht nur das ihm entsprechende Angebot auswählen, sondern auch selbständig zwischen An- und Entspannungsphasen wechseln. Dies kann für Hyperaktive, aber auch für ängstlich-vorsichtige Kinder von Vorteil sein.

Beispiel eines eng ineinander verschachtelten Kletterdschungel

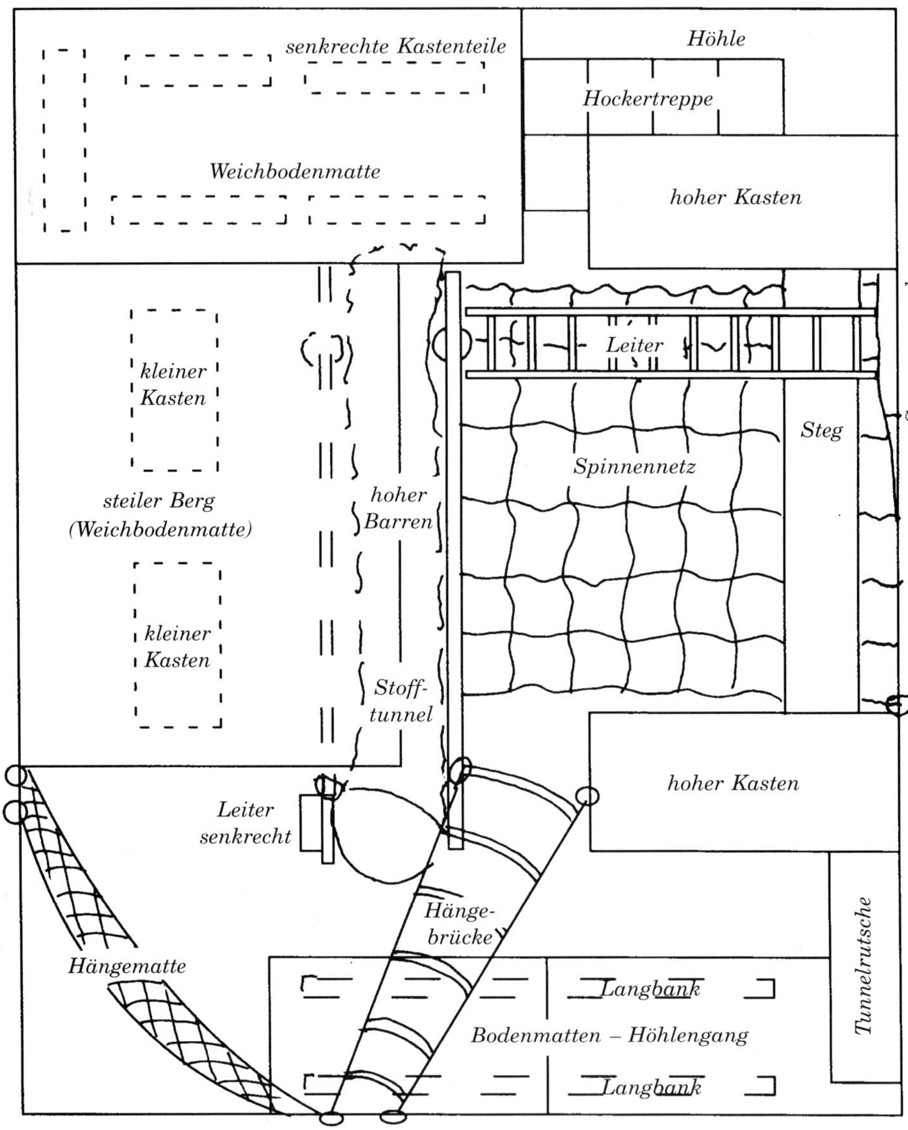

Der ineinander verschachtelte Kletterdschungel:

1. Die Weichbodenmatte wird auf mehrere senkrecht gestellte Kastenteile gelegt. Die Kinder können auf die Matte springen, aber auch unter ihr hindurchkriechen.

   Ein Ausgang führt zur Höhle, ein anderer in den Stofftunnel.

2. Die Höhle kann aus Matratzen, Tischen, festem Karton und Matten konstruiert werden.

3. Die Hockertreppe besteht aus einzelnen Hockern unterschiedlicher Höhe. Die Hockertreppe verbindet die Weichbodenmatte (Versammlungsort) mit dem hohen Kasten.

4. Der Steg, ein stabiles langes Brett bzw. eine Holzrutsche verbindet die beiden hohen Kästen und ist an ihnen befestigt. Der Steg befindet sich über dem Spinnennetz.

5. Die Tunnelrutsche führt vom hohen Kasten auf den Boden. Sie ist am Ende abgepolstert. Auf der einen Seite wird sie von der Wand, auf der anderen Seite von einem Vorhang begrenzt. Von hier aus gelangt man in den Höhlengang.

6. Der Höhlengang besteht aus Bodenmatten, die längs über zwei Langbänke gelegt sind. Seitlich kann mit Kastenoberteilen, kleinen Matratzen o.ä. abgegrenzt und verdunkelt werden. Es kann auch der Stofftunnel direkt angeschlossen werden. (Bei ängstlicheren Kindern sind kürzere Tunnels jedoch von Vorteil, d.h. es sollte keine direkte Verbindung geschaffen werden.)

7. Der Stofftunnel wird aus einem elastischen Stoff oder aus unterschiedlichen Stoffen genäht. Eingang und Ausgang werden durch eingenähte Holzreifen stabilisiert. Diese Reifen können zwischen dem Barren angebunden werden. Der Tunnel führt am Boden entlang bis unter die Weichbodenmatte.

8. Die Hängematte ist an Wandhaken aufgehängt. In der Hängematte liegend kann geschaukelt werden, indem an einem Seil (an Wandhaken oder Barren befestigt) gezogen wird.

9. Die Hängebrücke ist zwischen Wandhaken, dem Barren und dem hohen Kasten gespannt. Als seitliche Handführung können gespannte Seile dienen.

10. Über den hochgestellten Barrenholm und zwei kleinen Kästen ist eine (oder zwei) Weichbodenmatten steil aufgestellt. Die begrenzende Wand ist mit Matratzen abgepolstert. Als Kletterhilfe kön-

nen am Barren befestigte Taue dienen. Vom Berggipfel gelangt man entweder über die hohe Leiter zur Sprossenwand, oder in das tiefer hängende Spinnennetz.

11. Das Spinnennetz ist ein aus dickeren Seilen geknüpftes großes Netz, aufgespannt zwischen dem Barrenholm, Sprossenwand und einem Wandhaken. Es befindet sich etwa in 1 m Höhe über dem Boden. Durch die Löcher kann man auch hindurchklettern.

12. Die senkrechte Leiter ist an einem Barrenholm befestigt.
Variante: Die Kippleiter steht zwischen den Barrenholmen. Sie ist mit Scharnieren kippbar auf einem Bodenbrett befestigt.

Kriechtunnel

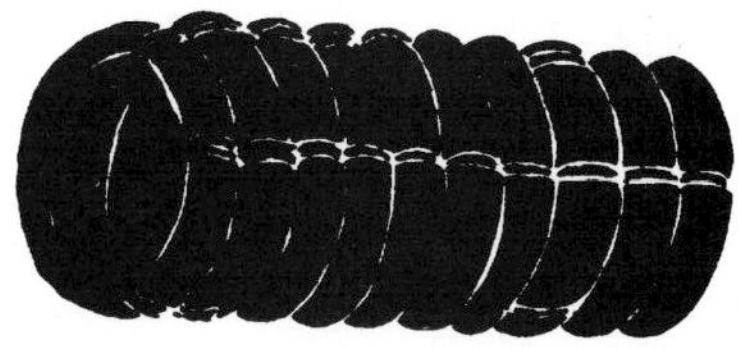

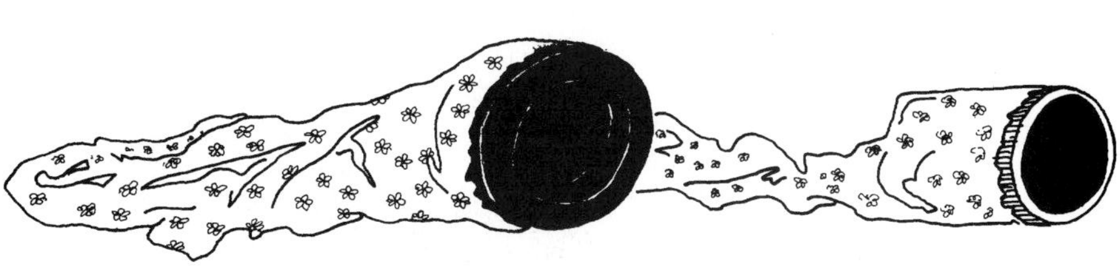

Stofftunnel

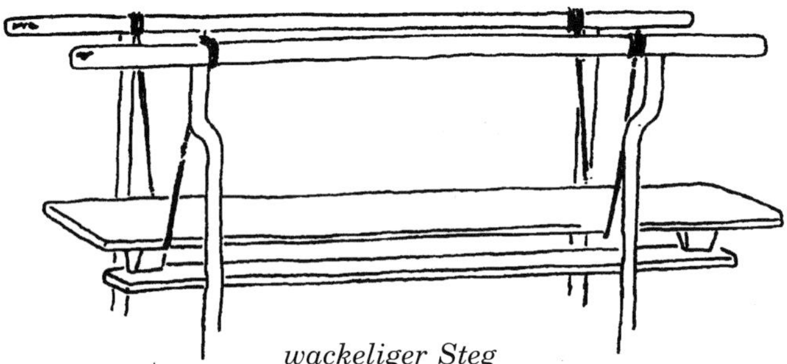

wackeliger Steg

Wackel-Leiter

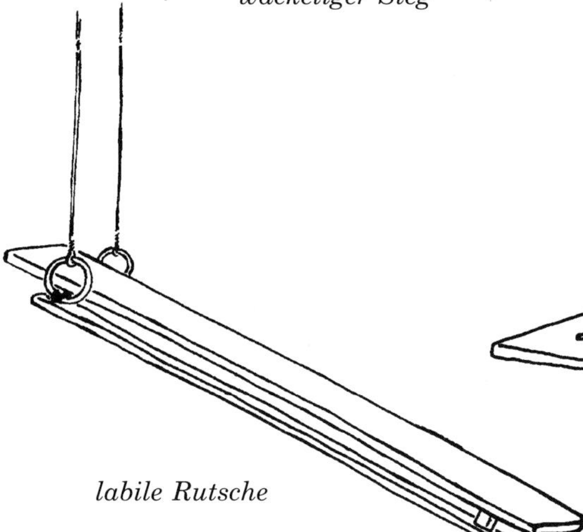

labile Rutsche

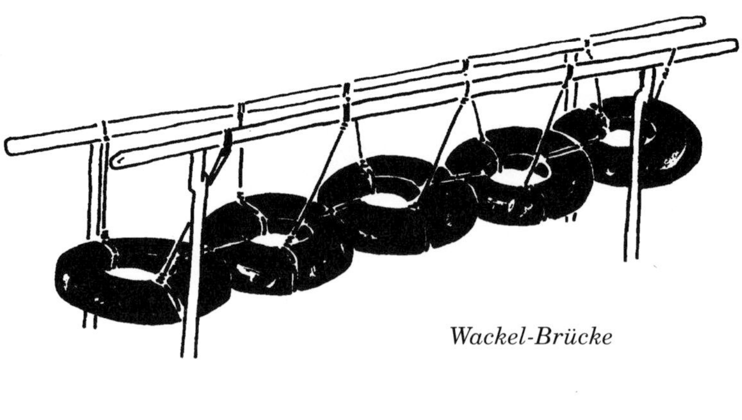

Wackel-Brücke

Großes Spinnennetz (Tarzan's Welt)

Förderschwerpunkt:
Körpergeschicklichkeit
Koordination/Gleichgewicht

1. Material:

verschiedenste Taue, Kletterseile, Sprungseile unterschiedlicher Stärke Hängebrücken, Schaukelbretter, Hängematten, dicke Rollen (aus Schaumstoff, Hartplastik, evtl. auch Eisen), Strickleitern, Autoreifen Sprossenwände, Barren, Reck, Kletterstangen, Ringe u.ä. Wandhaken (am besten Schienen für mehrere Haken, verstellbar)

2. Aufbau:

In verschiedenen Ebenen, auch diagonal und schräg, werden die Taue und Seile verspannt zwischen den Sprossenwänden, den Haken und den anderen verfügbaren und geeigneten Sportgeräten. Dazwischen können auch Schaukelbretter als schwingende schiefe Ebene, Strickleitern, Hängebrücken, etc. befestigt werden. Starke doppelte Gummibänder o. Federn, Expanderzüge wirken erschwerend, wenn sie zwei Tauenden miteinander verbinden, weil sie nachgeben können. Auch extra gespannte Handführungsseile zum Festhalten sind erlaubt. Der Boden, härtere Ecken und Kanten sind mit Turnmatten abzusichern.

3. Lernspiele:	**Ziele:**
– Klettern, hangeln	grobmotorische Koordination
– von einem Punkt A zu einem Punkt B ohne Bodenkontakt gelangen	Körperschema Gleichgewicht
– neue Wege entdecken	taktile und visuelle Wahrnehmung
– Fangen spielen	Schnelligkeit u. Konzentration
– wer erreicht einen hohen/tiefen Platz auf einer Schrägen?	räumliche Orientierung
– vorgekletterte bzw. erklärte Wege nachklettern (direkt o. aus dem Gedächtnis) eventuell mit spezieller Kennzeichnung (z.B. Wollfäden gleicher Farbe befestigen)	Konzentration Praxie

Lernspiele:	**Ziele:**
– bei besserem Können auch im Dunkeln mit Taschenlampe oder durch Ertasten	taktile Wahrnehmung Körperschema
– Bergsteiger: zwei/mehrere Kinder bewegen sich aneinandergeseilt durch das Netz	Interaktion Koordination

4. Bemerkungen:

- Da der komplette Aufbau auf den ersten Blick sehr verwirrend wirken kann, empfiehlt es sich, zunächst einen vereinfachten und übersichtlichen Aufbau zu verwenden, z.B. nur senkrecht und waagrecht gespannte ähnliche Taue. Der Aufbau wird dann Tag für Tag durch andere Seile, Taue, Röhren, Schaukeln etc. (evtl. verschiedenes Material in verschiedenen Ecken) auf verschiedenen Ebenen und Diagonalen vervollständigt.
- Die Kinder müssen eigene Lösungen finden, um über die gespannten, Taue zu balancieren und zu hangeln. Dies trainiert Körperschema und verstärkt das Selbstbewußtsein. Die gefundenen Lösungen werden den anderen Kindern gezeigt.

Matratzenraum

Förderschwerpunkt:
Gleichgewicht
Basale Wahrnehmung/Bewegung
Bauen (Praxie)

1. Material:

- Die mindestens 50 3-teilige Sprungfedermatratzen können kostenlos durch Kleinanzeige, Sperrmüll oder über privat beschafft werden. Sie können mit Stoff- oder abwaschbaren Plastik-Überzügen ausgestattet werden.

2. Aufbau:

- Die Matratzen sind in einer Ecke oder an einer Wand entlang gestapelt
- Die Matratzen sind zum Teil schon als Mauer oder Höhlengänge aufgebaut
- Die Matratzen liegen im Raum verteilt.

3. Lernspiele:	Ziele:
– Die Kinder **bauen** Türme, Mauern, Höhlen, Tunnelgänge Labyrinthe, Berge, Rutschen, Häuser und Straßen (1 – 3 Matratzen übereinander), Betten.	Tonusaufbau Praxie
– Die Kinder **klettern** auf Berge, Mauern und überwinden Mauern und Hindernisse.	Körperschema Koordination
– Die Kinder **wippen** und **springen** auf einer oder mehreren Matratzen.	vestibuläre Stimulation Stabilisation
– Ein Kind wird, auf einem Matratzenturm sitzend, von anderen Kindern **geschaukelt**.	vestibuläre Stimulation
– Die Kinder **balancieren** auf Mauern, Türmen und über wakkelige Straßen.	Gleichgewicht

Lernspiele:	**Ziele:**
– Die Kinder **springen** vom Berg auf den Boden, von einem Turm zum Anderen, von einer Matratzeninsel zur Nächsten, ohne den Boden zu berühren bei variierten Abständen.	Angstabbau Koordination Abstände einschätzen
– Die Kinder **werfen** die Matratzen in eine Ecke, auf einen Haufen, auf einen Berg.	Tonusaufbau Ausagieren Angstabbau
– Die Kinder lassen sich vom Berg auf ein weiches Matratzenlager **herunterfallen**, bzw. **rutschen** den Hang hinab.	
– Die Kinder lassen sich mit Matratzen **zudecken** (zuerst ohne den Kopf zu bedecken) und schlüpfen unter den Matratzen und Bergen hindurch.	kinästhetische und taktile Wahrnehmung räumliche Orientierung
– Die Kinder **kriechen** in Höhlen, durch Tunnelgänge und durch das endlos weitläufige Labyrinth (als Dach können auch einteilige große Schaumstoffmatratzen verwendet werden).	Körpergrenzen räumliche Orientierung
– Die Kinder **verstecken** sich in Höhlen und unter den Matratzen, den Bergen.	Entspannung kinästhetische Wahrnehmung
– Die Kinder **schmeißen** die Mauern, Berge, Höhlen ein und zerstören alle Bauwerke.	Ausagieren
– **Fangspiel:** Bei diesem Fangspiel laufen die Kinder nur über die Matratzen, der Boden darf nicht berührt werden. Kinder, die abgeschlagen wurden, bzw. den Boden berührten, müssen warten, bis sie wieder befreit werden.	Reaktionsvermögen

Lernspiele:	**Ziele:**
– Prinzessin auf der Erbse: Die Kinder **erspüren** mit ihrem Körper oder mit Bewegung, welcher Gegenstand unter den Matratzen liegt.	kinästhetische und taktile Wahrnehmung
– Die Kinder bewegen sich im **dunklen Raum**, in dem die Matratzen verstreut liegen, sie überwinden Hindernisse (Mauern ...), oder spielen Verstecken und Fangen.	kinästhetische Wahrnehmung
– Die Kinder **balancieren** über die Matratzenstraße unter der verschiedene Gegenstände (Teppichrollen, Plastikbälle, Wippen, Sportkreisel, Schrägen) liegen.	Gleichgewicht
– Ein Kind **legt sich** so auf eine Matratze (Nest), daß kein Körperteil aus dem Nest herausschaut Variation: wieviele Kinder passen liegend oder stehend in ein Nest?	Körperbewußtsein Integration
– Die Matratzen dienen, an die Wand gelehnt als Stoßdämpfer zum Dagegenrennen, -fahren, -schlagen.	Ausagieren

4. Bemerkungen:

– Die Matratzen laden die Kinder auf Grund ihrer Beschaffenheit zum sich Austoben ein. Die Matratzen sind weich und daher als Material ungefährlich beim Springen, sich Fallenlassen, Klettern, Rutschen, Hindurchkriechen. Lebhaftere Kinder können sich frei und ungehindert bewegen, ängstliche Kinder lernen in behüteter, abgepolsteter Umgebung die basalen Grundbewegungen und stärken somit ihr Selbstbewußtsein, ähnliche Bewegungen mit anderem Material in anderen Räumen auszuprobieren.

Diese Basalbewegungen werden hauptsächlich von den drei Basalsinnen (taktile, kinästhetische und vestibuläre Wahrnehmung) ausgelöst und kontrolliert.

Durch das Automatisieren und Verfestigen dieser Grundwahrnehmungs- und Bewegungsmuster wird die Voraussetzung für komplexere Koordinationsabläufe geschaffen.

- Die Matratzen besitzen das notwendige Gewicht, nicht nur um die Tiefensensibilität zu stimulieren, sondern tragen auch zum Tonusaufbau bei.
- Die Matratzen sind geeignet, schmale und breitere Höhlengänge und Häuser zu bauen. Dieses Konstruieren fördert die seriale Leistungsfähigkeit und die Handlungsbereitschaft (Praxie). Die Eigenkontrolle ist direkt durch die relative Instabilität der Bauwerke gegeben.
- Genauso erlernen selbst hyperaktive Kinder in den engen Labyrinthgängen, durch Wahrnehmen ihrer Körpergrenzen sich behutsam und gezielt zu bewegen, ansonsten würde das Tunnel einstürzen.

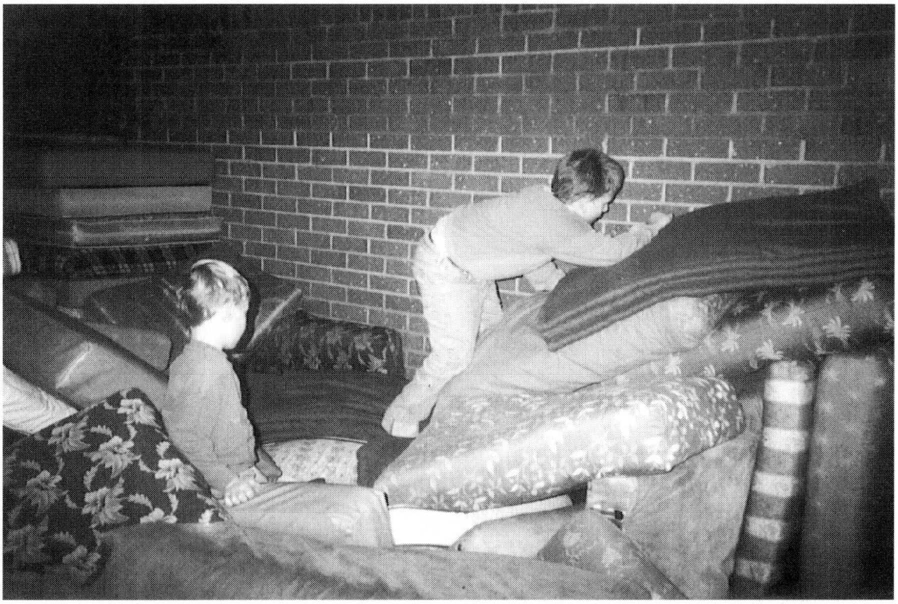

Schlauchzimmer

Förderschwerpunkt:
Grobmotorik
Körperschema
Gleichgewicht

1. Material:

mindestens 50 verschieden große aufgeblasene Lastwagen-/Traktor-/ Auto- u. Motorradschläuche, die gebraucht billig oder umsonst beim Reifenhändler erhältlich sind. Die großen herausragenden Ventile sind abzuschrauben und durch einfache Ventilkappen zu ersetzen.

2. Aufbau:

- Entweder sind alle Schläuche in einer Ecke aufgestapelt oder als Berg angehäuft (Reizsetzung zum Ausagieren)
- oder als verschiedene Bauwerke im Raum verteilt (Anregung zum Bauen u. Konstruieren, zum behutsamen Erklettern)
- oder als Türmewald aufgebaut (Anregung zum kontrollierten Herumrennen)
- oder der gesamte Raum ist angefüllt mit den Schläuchen bis zu einer Höhe von 1m (Anregung zu basalen Bewegungen wie Kriechen, sich Fallen lassen, Springen)

3. Lernspiele:	**Ziele:**
– Die Kinder **klettern** auf Berge, Türme, Mauern	Grobmotorik
– Die Kinder **kriechen** durch Berge, Höhlen, Tunnel im **Dunkeln** ohne/mit Taschenlampen. Die Kinder kriechen unter dem Berg hindurch, ohne daß der Berg einstürzt, ohne daß die Schläuche sich sichtlich bewegen oder verrutschen.	Körperschema Spüren der Körpergrenzen Behutsamkeit Geschicklichkeit Behutsamkeit
– Die Kinder **decken sich zu, graben sich ein**, **verstecken** sich oder werden **eingegraben**.	Körperbild Entspannung, Ruhepause

Lernspiele:	**Ziele:**
Welcher Körperteil ist noch nicht bedeckt?	
– Die Kinder **balancieren** auf aus Schläuchen gebildeten Straßen oder einem Parcours entlang (evtl. Bretter und Matratzen als Auflage oder Verbindung zwischen den Schläuchen).	Gleichgewicht
– Die Kinder **balancieren** auf Mauern liegend, auf Türmen sitzend oder stehend, alleine, zu zweit, in der Gruppe auch im Dunkeln (evtl. mit Taschenlampe).	taktile und kinästhetische Wahrnehmung
– Die Kinder **springen** von einem Schlauch zum anderen, von einem Turm zum anderen (Inselspringen).	Gewandtheit Abstand schätzen
– Die Kinder **bauen** und **konstruieren** Türme, Mauern, Tunnel, Berge, Höhlen, Häuser, Berg- und Talstraßen, Tore, Brücken. (der Tunnel aus senkrecht nebeneinander gestellten Schläuchen kann entweder zwischen zwei Wände/Kästen eingeklemmt werden oder mit Seilen verbunden auch als Rolle verwendet werden)	Praxie Grobmotorik
– Die Kinder lassen sich **fallen**, vom Berg hinunter oder beschützt im Turm stehend.	Angstabbau
– Die Kinder **federn** und **wippen** auf einem, bzw. mehreren aufeinandergeschichteten Schläuchen stehend, allein, zu zweit oder in der Gruppe mit/ohne Handfassung.	Koordination Stabilisation

Lernspiele:	**Ziele:**
Die Kinder **wippen** auf einem Schlauch, der mit einer Matratze, einem Brett oder einer Turnmatte bedeckt ist oder der mit einem elastischem Tuch bespannt ist.	
– Über die verteilten Schläuche sind großflächig Matten, Spannbettücher o.ä. ausgebreitet, so daß ein **wackeliger Untergrund** entsteht (Sumpfgebiet).	kinästhetische Wahrnehmung
– als **Hindernisse** sind die Schläuche im Raum verstreut, als Brücken und Tore aufgebaut. Sie dürfen beim **Blindschleichen** oder **Fangspiel nicht berührt** werden.	gesteuertes Ausagieren Behutsamkeit Körpergrenzen
Variation: Es dürfen nur die Schläuche, nicht aber der Boden berührt werden.	Abstände schätzen Gleichgewicht
– Die Kinder **werfen** mit den Schläuchen über Pfosten und Reckstangen als Ziele, bzw. in Markierungen am Boden.	Visumotorik
Die Kinder **werfen** mit Schläuchen die Türme und Mauern ein.	
Die Kinder werfen mit Bällen in **aufgehängte, gezogene** oder **gerollte** Schläuche.	
– Die Kinder **werfen** die Schläuche hoch/zu und **fangen** sie wieder auf.	
– Die Kinder **ziehen** die Schläuche über sich oder sie bekommen sie übergestülpt, so daß sie schließlich in einem engen Turm stehen.	Körpergrenzen taktile Wahrnehmung

Sie **bewegen** sich damit, spielen Platzwechsel, Fangen, Staffeln oder **lassen sich umfallen**.	Körperschema Angstabbau
– Die Kinder **rollen** den Schlauch und laufen nebenher, sie treiben den Schlauch mit einem Stock, sie rollen den Schlauch anderen Kindern zu.	Feinmotorik
Die Kinder machen **Zielrollen** auf Blechdosentürme oder in eine bestimmte Markierung.	Visumotorik Kraftdosierung Reaktionsfähigkeit
– Das Kind **kriecht** während des Rollens selber durch den Schlauch, bzw. der Partner oder möglichst viele aus der Gruppe.	Visumotorik
– Die Kinder **drehen** den Schlauch; warten, bis er ruhig liegt und **springen** dann sofort hinein.	Konzentration Reaktionsfähigkeit
– Die Kinder machen/erfinden **Geräusche**: prellen, ziehen, als Trommel schlagen, im Turm als Resonanzkörper.	Feinmotorik
– Die Kinder **legen** sich in einen Schlauch hinein, so daß kein Körperteil hinausschaut.	Körpergrenzen Körperbild Körperschema
– Die Kinder **setzen** sich in einen stehenden Schlauch hinein und rollen vorwärts (**Purzelbaumbewegung**)	Geschicklichkeit

4. Bemerkungen:

- Das Schlauchzimmer regt in erster Linie die Kinder zur Aktivität an. Sie bewegen sich auf basale Weise (fallen, klettern, kriechen, springen). Sie stimulieren ausgiebig die vestibuläre, kinästhetische und taktile Wahrnehmung.

- Hinterher wird das Kind konzentrierter Balancieren, Bauen und vorsichtig Türme und Mauern erklettern.
- Schließlich eignet sich der Raum hervorragend zum Verstecken, Nester bauen oder für Spiele im Dunkeln. Dies alles dient der Entspannungsförderung.
- Der Raum besitzt deshalb ein breites Spektrum an Bewegungs- und Wahrnehmungsangeboten, die die Kinder entsprechend ihren Bedürfnissen wählen können.
- Vorteilhaft ist das weiche, nachgiebige, federnde und ungefährliche Material.

Planet der Riesen

Förderschwerpunkt:
Tonusaufbau
Gleichgewicht
Praxie

1. Material

- große Würfel, Quader, Bausteine, Keile aus Schaumstoff, bezogen mit abwaschbarem verschiedenfarbigen Kunststoff. Für einige Lernspiele sind zweifarbige Würfel geeignet: jeweils drei Seiten oder nur die gegenüberliegenden Seiten besitzen die gleiche Farbe. (ca. 90 x 50 x 40 cm/90 x 90 x 90 cm verschiedene Größen)
- Verwendung finden auch die großen, verschieden dicken Schaumstoffrollen mit hartem Kern (Durchmesser 30 – 60 cm, Länge 150 cm)

2. Aufbau:

- Die Quader sind in einer Ecke bzw. in der Mitte des Zimmers ordentlich aufgestapelt.
- Die Quader sind in einer Ecke bzw. in der Raummitte als Berg angehäuft.
- Die Quader sind frei im Raum verteilt oder als Parcours angelegt.
- Die Eingangstüre ist unter Verwendung aller Quader verbarrikadiert.

3. Lernspiele:	**Ziele:**
– Die Kinder **bauen** und konstruieren Mauern, Türme, Gänge, Tunnels, Höhlen, Zimmer, Burgen, Straßen, Berge.	Praxie Tonusaufbau
– Die Kinder **werfen** die Quader auf einen Haufen, in eine Ecke, auf einen Berg.	Ausagieren Tonusaufbau
– Zwei Gruppen **werfen** die Quader über eine Linie in das gegnerische Feld (Zimmer putzen).	Ausagieren Tonusaufbau soz. Integration

Lernspiele:	**Ziele:**
– Die Kinder versuchen möglichst nahe an ein Ziel zu **werfen**, oder durch einen aufgehängten größeren Rahmen.	Visumotorik
– Gezielt versuchen die Kinder, Türme und Mauern einzu**werfen.**	Tonusaufbau
– Die Kinder **werfen** auch über ein gespanntes Seil oder Netz (Zimmer putzen)	
– Die herumlaufenden Kinder werden vom Fänger mit den verstreut liegenden Quadern abge**worfen.**	Schnelligkeit
– Die Kinder **klettern** auf den Bergen, Mauern herum, sie versuchen, den Berggipfel zu erreichen, und sie **klettern über** verschiedene Hindernisse.	Grobmotorik
– Sie versuchen **kletternd** die andere Zimmerseite zu erreichen, auch wenn Steine aus dem Berg, Hindernis oder der Mauer herausgelöst werden, bzw. Steine durch die Luft fliegen (Bergsturz, -lawine, Steinschlag).	Gleichgewicht Reaktionsvermögen
– Es kann auch über die verstreut liegenden Quader **balanciert** werden, um einen Zielpunkt zu erreichen, ohne den Boden berührt zu haben. Sie finden heraus, welcher Weg zum Ziel führt.	Gleichgewicht Raumorientierung
– Es kann ein großes, den Raum umfassendes Straßennetz von den Kindern gebaut werden, auf dem sie durch den Raum	Praxie Gleichgewicht

Lernspiele:	**Ziele:**
balancieren, sich begegnen, ausweichen, neue Wege finden und anderen Kindern aus dem Gedächtnis nachgehen.	Raumorientierung visuelles/Bewegungs-Gedächtnis
– Es kann **Fangen gespielt** werden ohne daß die verstreuten u. aufgebauten Quaderhindernisse berührt werden dürfen z.B. auch Tore, oder enge Gänge, durch die hindurchgeschlüpft Körpergrenzen werden kann.	Ausagieren Reaktionsvermögen Körpergrenzen
– In das Straßennetz sind Höhenunterschiede, wackelige Übergänge (auch aus den Rollen) und Löcher zum **Überspringen** eingebaut.	
– Auf einem höheren Quader, auf einem Turm versucht ein Kind, im Sitzen, Knien, Liegen oder Stehen zu **balancieren**, auch wenn erschwerend ein „Betrunkener“ an dieser Statue leicht rüttelt. Auch zwei oder mehrere Kinder können gemeinsam als ein Denkmal stehen.	statisches Gleichgewicht Kooperation Koordinieren
– Im abgedunkelten Raum ist es sowohl mit als auch ohne Taschenlampe erschwert, auf der Straße zu **balancieren**, oder Hindernisse zu überwinden, genauso wie durch Gänge, Tore und Höhlen zu **kriechen** oder durch den „Wald“ (im Raum verteilte Türme = Bäume) zu gelangen, ohne Bäume umzustoßen.	kinästhetische und taktile Wahrnehmung Körpergrenzen Behutsamkeit
– Im halbdunklen oder im dunklen Raum können Versteck- und Anschleichspiele durchgeführt werden.	Entspannung Behutsamkeit

Lernspiele:	Ziele:
– Verborgene Schätze werden **gesucht** und gemeinsam gesammelt.	Visuelle Wahrnehmung
– Die Kinder lassen sich **eingraben** und wühlen sich wieder aus ihrem „Grab" hervor, nachdem sie versucht haben, so lange wie möglich „im Grab" auszuharren, oder bis es Mitternacht schlägt.	Entspannung- u. Ausagierwechsel
– Die eingegrabenen Kinder versuchen sich zu befreien, auch wenn der Berg von außen von anderen Kindern zusammengehalten wird.	Tonusaufbau
– Ein großer Quader wird als Bagger durch den Raum **geschoben**. Die Kinder versuchen, damit andere Quader „einzusammeln" und eine immer längere Reihe von Steinen vor sich herzu**schieben.**	kinästhetische Wahrnehmung
– Das Kind versucht, einen höheren Turm vor sich herzu**schieben**, oder mehrere Kinder eine Mauer.	Tonusaufbau
– Die Bausteine werden eine Schräge (in einen Kasten eingehängte Langbänke) hochgeschoben, um sie von oben hinunterfallen zu lassen (Fließband).	Tonusaufbau kinästhetische Wahrnehmung
– Kinder auf gegenüberliegenden Seiten eines Quaders oder einer Mauer **schieben** die gegnerische Partei über eine Linie nach hinten.	Tonusaufbau
– Das Kind bewegt den Quader, auf ihm kniend, vorwärts.	Geschicklichkeit

Lernspiele:	**Ziele:**
– Die Kinder **ordnen** die Steine nach den Farben, z.B. bauen sie ein blaues Haus, eine rote Mauer etc.	Visuelle Wahrnehmung
Variation: Ein Kind legt ein **Farbenmosaik**, das von den anderen Kindern nachgebaut wird.	
Variation: Die Kinder **ordnen** die Steine nach Form, Größe etc..	Visuelle Wahrnehmung

4. Bemerkungen:

- Wie in allen vorstrukturierten Räumen ist für die geplanten Bewegungen und Lernspiele das Verhältnis zwischen Materialanzahl und Raumgröße entscheidend, genauso wie die anfängliche angebotene Gestaltung und Struktur des Raumes.
- So werden die Kinder in einem engen Raum mit vielen großen Bausteinen eher klettern, kriechen, sich fallenlassen und eingraben, in einem weiten Raum eher Bauwerke konstruieren und auf Straßen balancieren, sowie in verschiedenen Formen Fangen spielen.
- Die Schaumstoffquader sind weich und ohne harte Kanten, an denen sich ein Kind verletzen könnte.
- Durch ihre Größe sind sie relativ schwer, so daß nicht nur die Muskulatur gekräftigt wird, sondern durch die Eigenreflexe der vorgedehnten Muskelspindeln, bzw. der kurz zusammengedrückten Gelenke, auch über die vermehrte kinästhetische Wahrnehmung, der Tonus gegen die Schwerkraft aufgebaut wird.
- Durch den labilen Untergrund wird vermehrt über kinästhetische und vestibuläre Kontrolle das Gleichgewicht gefördert.

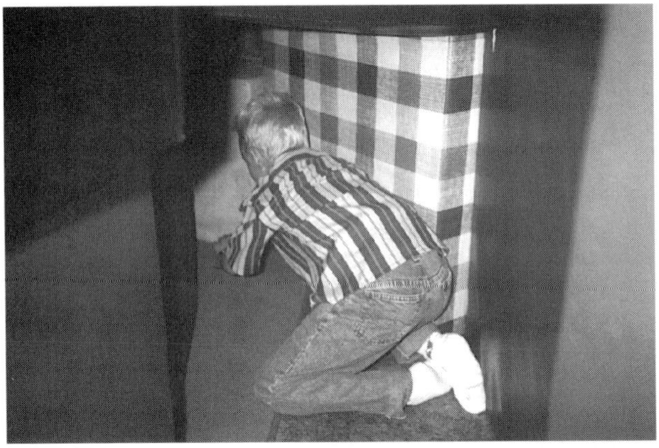

Riesenballbad

Förderschwerpunkt:
Gleichgewicht
Körperschema
vest. taktil kinästh. Wahrnehmung

1. Material:

Die großen Bälle aus festem Plastik mit einem Durchmesser von 30 – 150 cm in verschiedenen Farben sind in jedem Sportgeräte-Versand erhältlich, bzw. als Sitzbälle auch bei Krankenkassen und Sanitätshäusern.

2. Aufbau:

Die Anzahl der Bälle sollte nach der Raumgröße bemessen sein, so daß zumindest die gesamte Bodenfläche bedeckt ist bis hin zu einer Höhe von 150 cm.
Bei größeren Räumen sollten Kästen und stabile Trennwände als Raumteiler verwendet werden. Ansonsten wird weniger das Klettern und Balancieren, sondern eher das Werfen und Ausweichen im Vordergrund stehen.

3. Lernspiele:	**Ziele:**
– Die Kinder **klettern** auf den Bällen, zuerst mit Hilfestellung (Handhalten)	Gleichgewicht
– Die Kinder **klettern** über die Bälle. Sie versuchen ohne Bodenkontakt die andere Raumseite zu erreichen.	Körperschema
Partnerweise: Ein Kind klettert, das Andere gibt Hilfestellung, bzw. beide Kinder klettern über die Bälle mit stetem Körperkontakt.	Kooperation
– Die Kinder **kriechen** oder **schlängeln** unter den Bällen hindurch, ohne daß diese sichtbar verrutschen, bzw. im Dunkeln Lärm machen.	Behutsamkeit
– Die Kinder versuchen **im Dunkeln** unter den Bällen auf di-	Orientierung taktile Wahrnehmung

Lernspiele:	**Ziele:**
rektem Weg zum Ziel zu gelangen (z.B. zur Geräuschquelle). Dies kann für wahrnehmungsgestörte Kinder im Hellen schon schwierig sein.	
– Ein in einer Ecke aufgetürmter Berg wird von einer Gruppe in der Ecke **gehalten**, während die anderen darauf **herumklettern**, bzw. innerhalb des Berges **(„Gefängnis")** versuchen, gegen den Widerstand auszubrechen.	Tonusaufbau
– **Partnerweise** findet mit einem Ball/zwei Bällen zwischen ihnen ein Kräftemessen statt, mit dem Ziel, den Anderen über eine Markierung nach hinten zu **drücken**.	kinasthetische Wahrnehmung
– Ein Kind wird, in Bauchlage auf einem großen Ball liegend, von der Gruppe sanft hin- und herbewegt, **geschaukelt, gewippt.**	Entspannung
– Die Kinder lassen sich **zudekken** oder **eingraben**, so daß der ganze Körper bedeckt ist.	Körperbewußtsein taktile Wahrnehmung
– Die Kinder versuchen, auf den Bällen **sitzen-, knien-, liegen-** oder **stehenzubleiben** – möglichst hoch oder nur auf den roten Bällen oder wenn andere Bälle („Felsen") herausgenommen, bewegt, gerüttelt oder geworfen werden („Sternenhagel").	Körperschema Gleichgewicht visuelle Wahrnehmung
– Wieviele Kinder können sich **gleichzeitig** auf einem Ball befinden?	Kooperation

Lernspiele:	**Ziele:**
– Welches Kind benötigt möglichst **wenig** Bälle zum **Balancieren** im Sitzen oder Liegen?	Körperschema
– **Auf Signal** hin („Adler kommen“) verstecken sich die Kinder unter den Bällen, bei einem anderen Signal („Krokodile“) möglichst hoch auf den Bällen, bei dem Signal („Affen“) unsichtbar machen zwischen zwei Bälle, bei dem Signal („Sturm“) die Füße auf den Boden und bei („Flutwelle“) Füße möglichst hoch in die Luft bringen.	räumliche Lage Körperbewußtsein
– Die Kinder **verstecken** sich in Höhlen, bzw. schleichen im Dunkeln herum, während ein Kind sucht (evtl. mit Taschenlampe)	Entspannung akustische Wahrnehmung Behutsamkeit
– In einem **größeren Raum** sind **Wurfspiele** möglich, z.B. **Jägerball**: mit allen herumliegenden Bällen darf der Jäger **abwerfen**, bzw. rollen oder mit dem Fuß **stoßen**.	Ausagieren Visumotorik
z.B. **Zimmer putzen**: die zwei Parteien versuchen, ihr Feld („Zimmer“) von Bällen („Dreck“) freizuhalten, indem sie die Bälle in das andere Feld **werfen/schießen/rollen.**	Ausagieren Schnelligkeit Grobmotorik
– Die im Raum verstreut liegenden Bälle dürfen **nicht berührt** werden, im Fangspiel auch vom Fänger nicht.	visuelle Wahrnehmung
– Weichboden- oder große Turnmatten auf Bälle gelegt, lassen **Schiffe** entstehen, die vorwärtsgeschoben werden können.	Interaktion

Lernspiele:	**Ziele:**
– Alle Bälle müssen **in Bewegung** gehalten werden, kein Ball darf zum Stillstand kommen.	Ausagieren visuelle Wahrnehmung
– **„Ball treiben“**: der größte Ball in der Mitte soll hinter die gegnerische Linie getrieben werden, wobei von der eigenen Linie/Begrenzung aus geworfen, geschossen oder gerollt werden darf.	Visumotorik
– Die Gruppe steht im **Kreis** und **wirft/rollt** die Bälle zum Nebenmann; schrittweise wird die Anzahl der Bälle erhöht bis zu einem Verhältnis 1 : 1; es kann durch die Unterschiedlichkeit in Größe und Gewicht erschwert werden. Oder zwei größere Bälle (**„Katzen“**) werden im Kreis herumgerollt und jagen den kleinen Ball (**„Maus“**), der auch kreuz und quer geworfen werden darf.	Reaktionsvermögen Kooperation Körperschema Interaktion Reaktionsvermögen Feinmotorik
– Die Kinder machen **rhythmische Geräusche** (Prellen, Schlagen, Klopfen) in der Gruppe	Gruppenanpassung
– Die Kinder **sortieren** die Bälle nach Größe und Farbe, **legen Formen (nach).**	visuelle Wahrnehmung
– Die Kinder liegen auf dem Boden und werden mit Bällen **umgrenzt**. Sie stehen vorsichtig auf und **legen** sich in ein anderes Abbild.	Körperbild Behutsamkeit

4. Bemerkungen:

- Die eng begrenzten Bälle bieten als wackeliger, leicht veränderlicher, instabiler und federnder Untergrund ein hohes Maß an vestibulärer Stimulierung, so daß fast ständig der Körper mittels Gleichgewichts- und Stützreaktionen ausgleichen, den Tonus der Muskulatur immer wieder verändern und die Körperhaltung bzw. die Bewegung der Umwelt anpassen muß (Körperschema).
- Schon der farbenfrohe Anblick fordert die Bewegungsfreude heraus, ein Material, das eher zur Aktivität ermuntert; selbst in ruhigeren Phasen des statischen Balancierens wird ständige vestibulär-kinästhetische Kontrolle und Konzentration benötigt.
- Da das Material weich ist, muß nur die einzige Verletzungsgefahrenquelle, das Herunterfallen von hohen Bällen, abgemildert werden, z.B. den Boden mit Turnmatten auslegen und die Wände und Ecken abpolstern.
- Im größeren Raum können beinahe alle herkömmlichen Ballspiele (z.B. mit mehreren Gymnastikbällen) leicht abgewandelt übernommen werden.

Reifendschungel

Förderungsschwerpunkt:
grobmotorische Koordination
Gleichgewicht
Tonusaufbau

1. Material:

Es werden die Mäntel von Auto-, LKW- und Traktorreifen (ohne Felgen) verwendet, umsonst bei jedem Reifenhändler zu erhalten. Vor Gebrauch sind sie jedoch gründlich mit Seifenlauge und Bürste zu reinigen. Verschiedene Zuordnungsspiele von Farben, Symbolen und weiterführenden Linien benötigen zuerst eine Anmalaktion der Reifen. Für das Zusammenbinden haben sich Riemen mit stufenlos verstellbaren Verschluß als geeignet erwiesen. Die Reifen können auch miteinander verschraubt werden.

2. Aufbau:

- **Tunnel** und **Röhren** entstehen aus den aufgestellten und zusammengebundenen Reifenreihen. Die Reihe kann im Durchmesser gleichbleiben, sich vergrößern, verjüngen oder wellenförmig verändern.
- **Türme** sind in unterschiedlicher Höhe aufeinandergeschichtete Reifen.
- Es können auch **Mauern, Häuser** und **Tore** gebaut werden.
- Durch Reifen oder Brett miteinanderverbundene niedere Türme bilden eine **Brücke**.
- **Hängeleitern** und **Hängebrücken** sind senkrecht, schräg oder waagrecht aufgehängte Reifenreihen. Bei längeren Reihen tragen zwei parallel an den Seiten der Reihe angeschraubte Stahlketten zur erhöhten Stabilität bei. Die benötigten Decken oder Wandhaken müssen für das hohe Gewicht solcher Leitern und Brücken vorgesehen sein.

  Für straffere Hängebrücken ist ein Spanngerät notwendig.
- Als **Schaukeln** oder **Schaukelebenen** werden einzelne/mehrere/halbierte (Traktor-)Reifen senkrecht, waagrecht oder übereinander im Abstand von ca. 1 m waagrecht aufgehängt.
- **Klettergebirge** sind in eine Ecke auf einen Haufen geworfene Reifen.

– Auf **Baustellen** laden Reifen in Kombination mit Brettern, Balken, Rundhölzern zum Bauen und Konstruieren ein.

– **Kletterwände** entstehen zwischen zwei stabilen Pfosten (Reckstützen, Tore, Geräteraumeingänge, Kletterstangen). Dieser Zwischenraum wird mit senkrecht aufgestellten aneinandergebundenen oder -verschraubten Reifen ausgefüllt.

  Kleinere Kletterwände können auch senkrecht in die Höhe gezogen als **Schaukelwände** aufgehängt werden.

– **Straßen** sind am Boden liegende Reifen, aneinandergereiht, mit kleineren oder größeren Abständen, Kurven, Geraden, Kreuzungen und kleinen Bergen und Hindernissen (zwei oder drei aufeinandergeschichtete Reifen), während die **Inseln** weiter auseinanderliegende und im Raum verstreute Reifen sind, die gerade noch im Sprung bzw. mit einem Hilfsmittel erreicht werden können.

– Zwei Autoreifen mit Felgen sind mit einem Stahlrohr als **Riesenpedale** umgebaut. Das Stahlrohr wird um 180 Grad versetzt jeweils an die Felge angeschweißt und besitzt eine Z-ähnliche Form. Als Fußbretter werden zwei ausgehöhlte Hölzer jeweils um das Stahlrohr angeschraubt.

– Zwei Traktorreifen werden mit ca. 6 Querverbindungen aus Stahl so nebeneinanderstehend (mit ca. 50 cm Abstand zueinander) aneinander befestigt, so daß sie nicht umfallen können.

  In diesem **Rhönrad** können Kinder rutschen, schieben, klettern, laufen und sich drehen.

– Wird ein mit einem elastischen Tuch bespannter größerer Reifen, senkrecht an der Wand aufgestellt, werden darauf geworfene Bälle zurückgefedert.

  Auf den Boden gelegt, dient dieser Reifen als **Trampolin**.

3. Lernziele:	**Ziele:**
– Die Kinder **kriechen** durch die Tunnels und die Tore (niedrige, hohe).	Körperschema Körpergrenzen
– Die Kinder **legen sich** in die Röhren und lassen sich eine schiefe Ebene hinunter**rollen**, lassen sich von anderen Kindern durch den Raum rollen oder rollen sich selbstständig durch den Raum.	vestibulare Wahrnehmung Körperschema

Lernspiele:	**Ziele:**
– Die Kinder **klettern** auf die willkürlich aufgeschichteten Berge, über Mauern oder durch Lücken in den Mauern.	Grobmotorik
– Die Kinder **klettern** auf Hängeleitern hoch.	Grobmotorik
– Die Kinder **balancieren** über die Hängebrücken, über Mauern, Stege, Straßen, über zusammenhängende Parcours ohne den Boden zu berühren,	Gleichgewicht
über unsicheren Untergrund (leichte Matten sind über nebeneinanderliegende Reifen gelegt), auf den Röhren stehend,	kinästhetische Wahrnehmung
vorwärts/rückwärtslaufend. Sie **springen** von Reifen zu Reifen.	Geschicklichkeit
Sie gehen durch den Raum, ohne die Reifen, als Hindernisse aufgebaut, zu berühren.	
– Die Kinder **bauen** Häuser, Mauer, Straßen, Brücken, Landschaften (evtl. mit Hilfe von **Brettern**).	Praxie
– Die Kinder **rollen** die Reifen durch den Raum, kein Reifen darf umfallen oder zum Stillstand kommen.	Koordination
Variation: die Kinder **rollen** die Reifen in eine Zielmarkierung (Boccia) oder durch einen Tunnel.	
Variation: die Kinder **treiben** mit einem Stock den Reifen durch den Raum und laufen nebenher.	
Variation: die Reifen werden in eine Zielmarkierung gerollt.	Visumotorik

Lernspiele:	**Ziele:**
Variation: im Fangspiel rollt der Fänger den Reifen, um andere Kinder damit zu berühren.	
– Die Kinder rollen ihren Reifen gleichzeitig weg, finden ihn wieder, sobald alle Reifen zum Stillstand gekommen sind **und legen sich** in ihren Reifen (Nest), ohne daß ein Teil des Körpers noch herausschaut.	visuelle Wahrnehmung Körpergrenzen
– Die Kinder **ordnen** gleichfarbige Reifen zu und legen Formen nach. Sie bilden eine Reihe mit den Reifen, so daß die gleiche Farbenhälfte sich berührt, bzw. daß die aufgemalten Linien fortlaufen (auch in die Höhe als Turm)	visuelle Wahrnehmung
– Die Kinder **werfen, schießen** Bälle durch rollende Reifen, aufgehängte Reifen, durch den Raum gezogene Reifen oder durch Reifen, die von der Decke hängend hin- und hergeschwungen werden.	Visumotorik
– Die **Türme** dienen als Hindernisse beim **Fangspiel**. Sie dürfen nicht umgestoßen oder berührt werden.	Reaktionsvermögen
– Beim **Transportrollen** werden Bälle in rollenden Reifen transportiert, ohne hinauszufallen.	
– Im Dunkeln werden die in den Reifen versteckten Gegenstände **gesucht** und **ertastet**.	taktile Wahrnehmung
– In größeren Reifen **rollen** oder **laufen Kinder** vorwärts.	kinästhetische Wahrnehmung

Lernspiele:

Ziele:

- Die Kinder **ziehen** den Reifen an einem Seil hinter sich her, während der Partner versucht, hineinzu**springen** oder im gezogenen Reifen **mitzulaufen**.

  Visumotorik
  Koordination

  Variation: die Hälfte der Kinder sind die Kutscherpferde, die andere Hälfte der Kinder sind die Grafen, die ihre Kutschen (Reifen) wieder unter Kontrolle bringen wollen, indem sie hineinspringen und eine Weile mitlaufen können. Von der gebändigten **Kutsche** aus dürfen sie die nächste leere Kutsche erobern.

  Variation: Die Hälfte der Kinder (Chefs, vornehme Damen) dürfen sich nur im Reifen (**Taxi**/Kutsche) bewegen, der von den anderen Kindern (Taxifahrer, Diener) behutsam gezogen wird.

4. Bemerkungen:

- Durch ihre Größe und Schwere fördert die Beschäftigung mit den Reifen den Tonusaufbau, Stabilität und Kraftentwicklung. Die Bauwerke mit den Reifen werden stabiler als die Bauten mit Autoschläuchen oder Schachteln.
- Die Reifen lassen sich gut als Schaukeln aufhängen oder in aneinandergeknüpfte Reihen verwenden. Durch das Eigengewicht des Materials wird das Konstruieren von größeren Aufbauten erschwert und die Anzahl der aufgehängten Reifen begrenzt.
- Die Reifen animieren zur Auseinandersetzung mit dem Thema Rollen.
- Die Aufbauten müssen gut abgesichert werden. Herunterfallende Reifen könnten leicht ein Kind verletzen.

Riesen-Padalo

Hänge-Leiter

Etagen-Schaukel

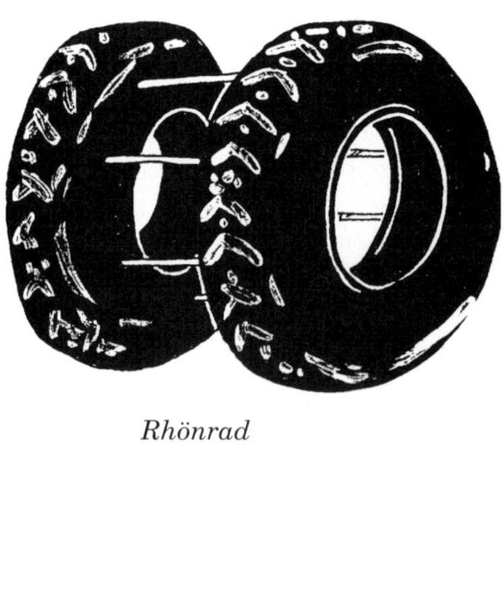

Rhönrad

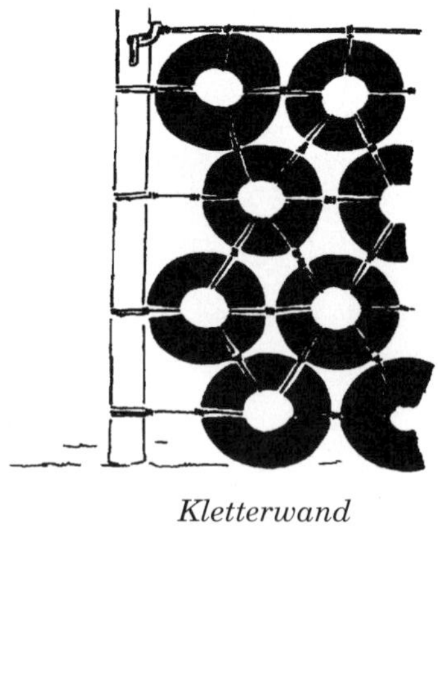

Kletterwand

Schachtel-Bau

Förderschwerpunkt:
Körpergrenzen
Behutsamkeit
Praxie

1. Material:

Hauptsächlich größere Schachteln und Kartons (Fernseh-/Elektrogeräte-/Großhandels-/Windel-Verpackungen, Umzugskartons) werden gerne bei entsprechenden Geschäften abgegeben.

2. Aufbau:

- Alle Schachteln sind ordentlich in einer Ecke, an einer Wand entlang gestapelt.
- Alle Schachteln sind im Raum verteilt (als Bäume, als Hindernisse).
- Alle Schachteln sind als Mauer oder Versammlungshaus verbaut.

3. Lernspiele:	**Ziele:**
– Die Kinder bewegen sich im Raum, **ohne** die Schachteln (Bäume) zu **berühren**. Sie können rennen, hüpfen, rückwärts **gehen**. Übereinandergestapelte Schachteltürme würden bei **Berührung** sofort umfallen.	Körpergrenzen Ausagieren
Variation: Es werden immer mehr Türme/Bäume in den Raum gestellt, die Zwischenräume werden enger. Es können auch Tore, enge Gassen gebaut werden.	Behutsamkeit
Variation: In diesem Wald kann auch **Fangen** gespielt werden. Wenn ein Kind einen Baum umschmeißt, gilt es als gefangen.	Reaktionsvermögen

Lernspiele:	**Ziele:**
– Fangspiel: Der Fänger darf die Bäume neu verteilen, er darf auch mit den Bäumen **schmeißen**.	
– Die Kinder **bauen** Türme, Burgen, Mauern, enge Gassen, Labyrinth, Flächen, Tore, Tunnel, Höhlen, Zimmer, Häuser.	Praxie
– Die Kinder **schmeißen** die Türme, Mauern wieder ein mit Bällen oder anderen, kleineren Schachteln.	Visumotorik
Variation: aus den zwei/drei gebauten Burgen heraus **werfen** die Kinder gegenseitig auf die anderen Burgen.	
Variation: die Kinder **rennen** gemeinsam durch eine aufgebaute große Mauer.	Angstabbau
– Die Kinder **kriechen** und krabbeln durch die engen Körpergrenzen Gassen, Tunnel, Tore, Labyrinth, ohne daß es einstürzt (auf die Seite gelegte Schachteln, oben und unten geöffnet können aneinandergereiht lange Tunnel bilden).	Körpergrenzen Behutsamkeit
– Die Kinder bewegen sich bei **Dunkelheit** durch die **Hindernisse**, Gassen, Labyrinth.	taktile Wahrnehmung
Variation: im Dunkeln im Schachtelwald Fangen spielen	
– Die Kinder **bauen** verschiedene Bauten, Formen **nach**.	visuelle Wahrnehmung Praxie
Variation: Die Kinder ertasten im Dunkeln die nachzubauenden Gebilde und Formen.	taktile Wahrnehmung

Attends
84 MEDIUM
Attends
2x22 LARGE
Attends
96 SMALL
Attends
84 MEDIUM

Rollbrettparcours

Förderschwerpunkt:
vestibuläre Wahrnehmung
Tonusaufbau

1. Material:

- Rollbretter bestehen aus einem Brett (ca. 60 cm x 40 cm, an dessen Unterseite an den vier Ecken kleine, in alle Richtungen bewegliche Räder befestigt sind. Das Brett kann farbig lackiert werden, die Räder sind im Eisenwarenhandel erhältlich.

  Die Rollbretter können in der Länge und Breite variieren: bis zu 80 cm x 50 cm und noch größer. Die Rollbretter sind im Sport- und Psychomotorikversand erhältlich.
- Es können auch breitere Skateboards oder Rollbretter mit Skaterollern, anstelle der Räder montiert, verwendet werden.
- Es können Doppeldeck-Rollbretter konstruiert werden, so daß die Kinder auf zwei Etagen liegen, wobei vor allem das untere Kind anzuschieben hat (z.B. Beistelltischchen auf Rädern).

2. Aufbau:

- niedrige, höhere, schmale oder breitere Durchfahrten, Torbögen, helle oder dunkle **Tunnels** und **Labyrinth**gänge, aus stabilen oder labilen Seitenwänden und Decken (Stuhlreihe, Tische, Matratzen, Matten, Kasten, Schachteln).
- kurze Rampen, breite, längere **Schrägen**, enge Rutschen zum Hinunterrollenlassen; verschiedene Geschwindigkeiten und Fahrstrekkenlängen für die unterschiedlichen Bedürfnisse der Kinder; verwendet werden Holzbretter, Tischlerplatten, deren Endkante abgeflacht ist, aber auch Rutschen aus Holz, Metall oder Plastik;

  oder Bühnenbodengestelle, aneinandergereiht und schräg hochgestellt mit Hilfe von Kastenteilen. Die höheren Teile der Schrägen müssen seitlich durch Matten abgesichert werden.
- **Absprungrampe:** Das Ende der Schrägen endet ca. 10-20 cm über dem Boden.
- als **Ziele**, zum Ausrollenlassen nach der Fahrt von der Schräge kann eine Höhle dienen, eine mit Matratzen abgepolsterte Wand, eine **Mauer** aus Schachteln, die beim Hindurchfahren einstürzt oder eine **Slalom**strecke zum Aussteuern.

Genauso kann aber auch ein labiles schmales Tor als Zieldurchfahrt Geschicklichkeit verlangen.

Diese Ziele sind auch mit Abstoßen von der Wand erreichbar, oder indem die Kinder sich gegenseitig anschieben.

- Als **Höhlen** zum Ausruhen eignen sich umgelegte Handballtore bedeckt mit Matten oder Fallschirm.
- Der **Hindernisparcours** besteht aus labilen Toren aus Schaumstoff, Matratzen oder Schachteln, enger Straßenbegrenzung mit Langbänken, Kasten, am Boden liegenden Matten, Slalomstangen und -hütchen, niedrig gespannten Seilen, an denen Glöckchen befestigt sind, unter denen ohne Berührung hindurchgefahren werden muß.
- Die **Straßen**führung kann auch aufgemalt oder mit Tesakrepp aufgeklebt werden, mit Kurven, Kreuzungen, Sackgassen, Formen (evtl. mit Buchstabenähnlichkeit), Einbahnstraßen gekennzeichnet durch Richtungspfeile, genauso wie Abbiegespuren und andere Verkehrsregeln. Als Motivation bietet sich an, den kürzesten, weitesten, alle Straßen umfassenden Weg zum Zielpunkt zu finden.

  An der Straßenseite können Hinweisschilder anweisen, in welcher Haltung/Position/Fortbewegungsmöglichkeit weitergefahren werden darf (Sitzend, liegend, kniend, rückwärts, mit Hände, nur mit Füße anschieben ...).
- Die **Flußdurchquerung**: Das Kind zieht sich auf einem Rollbrett stehend/sitzend/liegend an einem durch den Raum gespannten Tau entlang.
- Knatter**bleche** zum Darüberfahren und Lärm erzeugen, evtl. auch leicht wellig holprig oder kurvig geschnitten/gebogen.
- **Wippen** bestehen aus einem längerem Brett, an dessen Unterseite (längs, quer, diagonal) ein Rundholz befestigt ist, so daß beim Darüberfahren (bei Belastung) sich die Wippe zur entsprechenden Seite neigt.
- Beim **Zielwerfen** – während der Fahrt vom Rollbrett aus – werden z.B. Tennisbälle in einen Korb geworfen. Die herumliegenden Tennisbälle werden vom Rollbrett aus wieder eingesammelt.

3. Lernspiele:	**Ziele:**
– Die Kinder dürfen frei im Raum an den verschiedenen Stationen spielen und üben:	
labile Tunnel	Körpergrenzen Behutsamkeit

Lernspiele:	**Ziele:**
Labyrinth	räumliche Orientierung
Durchfahrten und Torbögen	visuelle Wahrnehmung
Schrägen	vestibuläre Wahrnehmung
Absprungrampe	Geschicklichkeit, Mut
die mit Matratzen abgepolsterte Wand	kinästhetische Wahrnehmung, Tonusaufbau,
Schachtelmauer	Angstabbau, taktile Wahrnehmung
Höhle	Entspannung
Slalomstrecke, Hindernisparcours	Geschicklichkeit
Wippen, Knatterbleche	Körperschema
Flußdurchquerung, Straße	Gleichgewicht, räumliche Orientierung
verschiedene Fortbewegungsarten	Körperschema
Zielwerfen	Visumotorik, Tonusaufbau
– **Fangspiele**, der Fänger darf die Fortbewegungsart bestimmen. Autorowdy: der Fänger provoziert Unfälle, Zusammenstöße (leichte), die betroffenen Fahrer müssen warten, bis der befreiende Reparaturdienst ihr Rollbrett wieder fahrtüchtig macht.	Ausagieren Körperschema
– **Anschleichspiele** im Dunkeln, erschwerend mit angebundenem nachschleifendem Glöckchen, Blechdeckeln.	Behutsamkeit
– **Lotsendienst** im Dunkeln, der die Kinder auf den Rollbrettern (Flugzeuge/Schiffe bei Nacht), an Hindernissen vorbei zum Ziel	akustische Wahrnehmung visuelle Wahrnehmung

Lernspiele:	**Ziele:**
führt mit Hilfe von Geräuschen, Signalen, Blinklichtzeichen oder verbaler Anweisung.	
– Die Kinder fahren **zu zweit**/zu mehreren auf einem Rollbrett in verschiedensten Haltungen.	Interaktion Körperschema Visumotorik
– Die Kinder rollen ihr Rollbrett möglichst nahe an die **Zielmarkierung** heran.	
– Die Kinder **transportieren** möglichst viel Material in ihre Ecke; Heruntergefallenes muß wieder zum Start gebracht werden, wird der anderen Partei zugerechnet oder der gesamte Transport muß dann wiederholt werden.	Geschicklichkeit
– Schachteln und Kisten in unterschiedlicher Größe und Höhe dienen als **Lastwagen**aufbau, in den das Kind sich hineinsetzen, -knien, -legen, -stellen kann und vom Partner geschoben wird, schnell, langsam, abrupt, richtungsändernd, gedreht, blind.	
Blindenhund: das Kind in der Kiste hat die Augen geschlossen und befiehlt dem schiebenden Kind den Zielort bzw. die Art der Fortbewegung.	
Das blinde Pferd: das Kind in der Kiste hat die Augen offen und gibt Anweisungen dem schiebenden Kind, das die Augen geschlossen hat.	
– Langbänke, Kastendeckel, Matten, Matratzen, Keile verwan-	Körperschema

Lernspiele:	**Ziele:**
deln die Rollbretter in Busse, fahrende Betten, abgepolsterte Stoßautos.	
– Die Kinder **balancieren** mit/ohne Krücken über den wackeligen Steg aus aneinandergereihten Rollbrettern, vorsichtshalber auch im Krabbeln, während mit kleinem Abstand die Seiten mit Matten als Begrenzung und Absicherung ausgelegt werden müssen.	Gleichgewicht

4. Bemerkungen:

- Das Rollbrettfahren besitzt einen hohen Aufforderungscharakter, sich damit im Raum zu bewegen. Diese Bewegung stimuliert vor allem die vestibuläre Wahrnehmung und fördert den Tonusaufbau, besonders wenn das Kind auf dem Bauch liegend sich bewegt. Je mehr der Körperschwerpunkt vom Rollbrett entfernt wird, um so mehr wird das reaktive Gleichgewicht-Halten und -Ausbalancieren gefordert.
- Die einzelnen Stationen müssen klar strukturiert und eindeutig voneinander getrennt werden, damit das Kind nicht im jeweiligen Ausprobieren und Üben gestört wird; bzw. ständig gemaßregelt werden muß, andere Aufbauten nicht unabsichtlich zu zerstören. Sinnvoll sind Übergangswege, wie z.B. Tunnel von einer Station zur nächsten.
- Das Bewegen auf dem Rollbrett fördert nicht nur das lustvolle Austoben, sondern verlangt gleichzeitig Geschicklichkeit, Körperbeherrschung und kontrollierte Bewegungen, was somit spielerisch auch mit hyperaktiven Kindern geübt werden kann.
- Die Kinder müssen auf die Gefahr der Verletzung z.B. der Finger beim Zusammenstoß hingewiesen werden. Sie dürfen deshalb nicht mutwillig mit anderen Kindern zusammenstoßen.

  Sie dürfen andere Kinder nicht unkontrolliert schieben und vom Rollbrett oder der Schräge schubsen.

  Hohe Schrägen oder andere gefährliche Stellen dürfen nur unter Aufsicht eines Erwachsenen befahren werden.

– Eine methodische Weiterleitung vom Rollbrettfahren im Stehen zum Skateboard-Fahren ist einfach zu vollziehen.

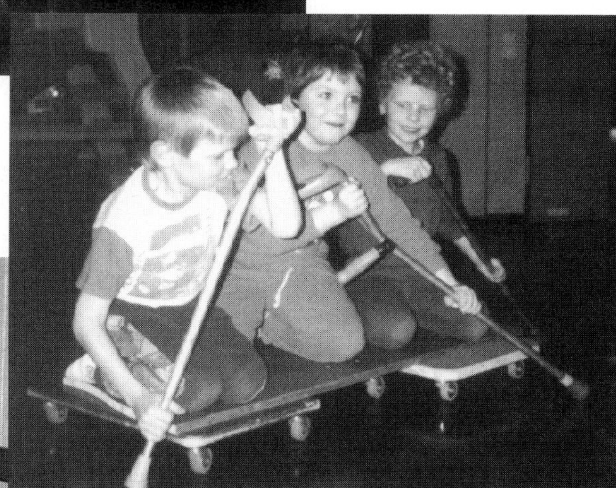

Fahrzeugpark

Förderschwerpunkt:
Körperschema
Koordination

1. Material:

Verschieden umgebaute und veränderte Rollstühle, Fahrräder, Behinderten- und Kinderdreiräder, Roller, Kettcar, Holländer, Einrad,

- Rollstuhl mit zwei Antriebshebeln ohne Rückenlehne zum Sitzen, Knien oder mit tiefergelegter Stehfläche zum Fahren im Stehen (Koordination)
- Stehrollstuhl mit einem frontalen vertikal zu bewegenden Antriebshebel (Stabilität, Aufrichtung)
- normaler Rollstuhl mit seitlichen großen Rädern zum Bewegen und Steuern, die normale Sitzfläche ist knapp über den Boden verlegt, so daß im Stehen, Knien und Sitzen gefahren werden kann (Rumpfstabilität)
- Das Rennauto: ein tiefgelagertes Brett mit zwei großen Antriebsrädern vorne seitlich und hinten zwei beweglichen kleinen Stützrädern kann in Bauch- und Rückenlage gefahren werden (Training der Rumpfmuskulatur u. Rumpfaufrichtung)
- das Fahrrad, dessen Vorderrad mit Skate-rollern ersetzt wurde und dessen Lenkstange fehlt. Festgehalten wird sich am Sattel (Gleichgewicht)
- das Behindertendreirad, dessen Sattel auf die Lenkstange montiert wurde zum Rückwärtsfahren (Anpassung an neues Lenkgefühl)
- das Behindertendreirad, dessen Lenkstange durch zwei Zügel, die am kleinen Vorderrad angebracht sind, ersetzt wurde (Koordination zwischen beiden Armen beim Lenken)
- das Behindertendreirad ohne Sattel, das nur im Stehen gefahren werden kann (Körperstabilität in der Bewegung)
- das Behindertendreirad, das zwei Sättel nebeneinander besitzt. Jeder der zwei Fahrer muß mit zwei Füßen nur ein Pedal bedienen (Koordination zwischen beiden Fahrern beim Treten und Lenken)
- das Behindertendreirad, das oberhalb hinter dem normalen Sattel noch einen zweiten Sattel besitzt (Der obere Fahrgast übt das Gleichgewicht, die Balance zu halten)

- das Behindertendreirad mit niederem Sitz, das bei starkem Zurücklehnen auf zwei zusätzlichen kleinen Stützrädern rollt, während das Vorderrad sich in der Luft befindet
- das Kleinkinderdreirad mit Antriebspedalen am Vorderrad, aber ohne Lenker, so daß mit den Pedalen gelenkt werden muß (Koordination zwischen Antrieb und Lenken)
- der Elektrorollstuhl, dessen Steuerungshebel an Form und Lage veränderbar ist, z.B. auf dem Fußbrett für Fußbedienung montiert werden kann bzw. verdreht montiert in die gegensätzliche Richtung bedient werden muß (feinmotorische Koordination)
- das Behindertendreirad, dessen Pedale hinter dem Sitz mit den Händen hinter dem Rücken angetrieben wird, während die Füße am Vorderrad steuern können. Die normale Lenkstange ist abgebaut (Rumpfaufrichtung, Koordination der Beine beim Lenken)
- kleines, einfaches Kinderschiebedreirad ohne Pedale und Kette, mit abmontiertem Sattelgestänge, so daß das Kind mit einem Bein auf der Hinterachse stehen kann, und mit dem anderen Bein abstoßen kann (Vorstufe zum Rollerfahren)
- das Zweirad, dessen Vorderrad durch ein kleines Rad ersetzt wurde (Rumpfaufrichtung wegen der Schrägneigung des Fahrrades)
- das Zweirad, dessen Vorderrad durch eine Achse mit zwei Rädern ersetzt wurde (verändertes Lenkgefühl)
- das Zweirad, dessen Speichen so ausgetauscht wurden, daß die Achsen in beiden Rädern sich nicht mehr in der Mitte befindet. (Höhenschlag)
- das Zweirad, dessen Antrieb über Zahnrad und Kette durch ein Welle ersetzt wurde, so daß nicht mehr rund getreten werden kann, sondern auf und ab (Körperschema)
- das Kettcar, dessen Lenkgestänge so verändert wurde, daß bei einer Linkskurve nach rechts gelenkt werden muß
- außerdem verschiedenes Material als Hindernisse und Straßenbegrenzungen: Kartons, Kästen, Taue, Seile, Matten (für Tore)

2. Aufbau:

- anfangs nur die Fahrzeuge zum Ausprobieren und Üben an einer Raumseite abgestellt („Garage“)
- zusätzlicher Straßenaufbau

Lernspiele:	**Ziele:**
3. Lernspiele:	
– Die Kinder **probieren** die Fahrzeuge aus. Sie wechseln freiwillig/auf Signal das Fahrzeug. Bei einem Zusammenstoß muß der Ruheplatz („Werkstatt“) aufgesucht werden, bzw. ein anderes Fahrzeug gewählt werden.	Körperschema Entspannung
– Die Kinder **hängen** sich an ein anderes Auto und lassen sich **ziehen** (erschwertes Steuern).	Feinkoordination
– Die Kinder **transportieren** mit ihrem Auto Material (z.B. Schaumstoffwürfel).	Behutsamkeit
– **Mannschafts- und Kinderspiele** werden auf dem Auto fahrend gespielt: Schätze rauben, Bälle stoßen oder mit dem Fahrzeug schieben, Basketball, etc., Staffeln, Der Fuchs geht um, Wer hat Angst vorm schwarzen Mann?, Jägerball, **Fangspiele** werden gespielt.	Kooperation Geschicklichkeit Geschicklichkeit
– Die Kinder fahren **im Dunkeln**, evtl. mit Taschenlampe. Sie weichen Hindernissen und Zusammenstößen aus.	Behutsamkeit taktile/akustische Wahrnehmung Selbstkontrolle
– Es darf nicht mehr alleine auf einem Fahrzeug gefahren werden. Wer kann viele **Fahrgäste** befördern?	Kooperation stat. Gleichgewicht
– **Fangspiel:** Die Kinder fahren paarweise, während der Fänger alleine im Auto sich einen Partner fangen muß.	Interaktion
– Die Kinder **weichen** Hindernissen aus, die schrittweise zah-	visuelle Wahrnehmung Abstände erkennen

Lernspiele:	**Ziele:**
lenmäßig und im Schwierigkeitsgrad erhöht werden.	Reaktionsvermögen
– Strukturierung des Raumes mit Straßen aus Kartonmauern, die leicht einstürzen, aus Tauen, Kurven, Engpässen, Kreuzungen aus Kästen, Kartons, Ständern und Matten, Latten Tunnel, Toren u. Häusern, leichte Schrägen aus Brettern und niedrigen Podesten.	Anpassung an die Umwelt Regeln beachten Reglementierung Ruhepausen
– mit Einbahnstraßen, Gegenverkehr, Ampeln, Verkehrsregeln und -zeichen, allgemeinen Stopsignalen („Benzin aus“) und Tankstelle.	

4: Bemerkungen:

- Die Fahrzeuge wurden verändert, damit die Kinder sich immer wieder auf neue Bewegungsbedingungen einstellen, ausprobieren, erlernen und automatisieren müssen (Körperschema). Dabei wird ein hoher Anspruch auch an die grob- und feinmotorische Koordination gestellt und durch das ständige Beschleunigen, Abbremsen und Richtungswechseln das Gleichgewichtsorgan stimuliert. Die visuelle Wahrnehmung wird vor allem im Bereiche der Visumotorik, der räumlichen Orientierung und des Abstand-erkennen-Könnens gefordert. Reaktionsschnelligkeit, Grenzen beachten, Abbremsen-Können und Übersicht werden im Straßenaufbau geübt.
- Trotzdem sollte immer genügend freier Raum für die unsicheren Fahrer und Fahrzeuge offengehalten werden.
- Schließlich bieten die Fahrzeuge die Möglichkeit, den Bewegungsdrang der Kinder leicht regelbar und kanalisiert ausagieren zu lassen.
- Die speziellen Ziele einzelner Fahrzeuge sind jeweils hinter der Fahrzeugbeschreibung in Klammern gesetzt.

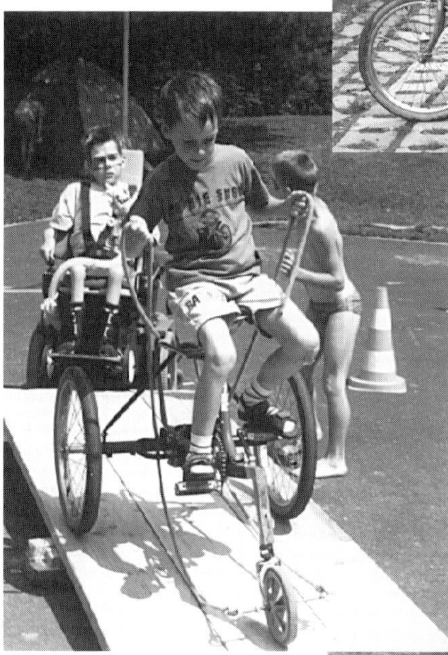

Wanderpark

Förderschwerpunkt:
Körperschema
Gleichgewicht
kinästhetische Wahrnehmung
vestibuläre Wahrnehmung

1. Material:

- **Riesenschuhe** (Größe 46), Stöckelschuhe, Skistiefel, große Wanderstiefel, Fußballstollenschuhe
- **Flossen**
- kurze **Kinderski**, rutschbar durch Streifen Teppichboden, der an der Unterseite angeklebt wurde.
- kürzere **Sommertrainingsski** (mit kleinen Rädern an der Unterseite montiert) können billig oder als Spende von Langlauftrainingcamps erworben oder selber hergestellt werden.
- Ein Paar **Riesenski** für 2 – 4 Kinder (Länge bis 2,5 m, Breite 20 cm) mit aufmontierten Fahrradpedalhaken/Klettband/Schuhen und an der Unterseite aufgeklebten Teppichbodenstreifen zum Rutschen.
- **Schaumstoffschuhe** sind feste Schuhe, an deren Unterseite ein dickes Stück Schaumstoff (bis ca. 30 cm x 30 cm x 30 cm) aufgeklebt ist.
- **Holzschuhe** sind feste Turn- oder Wander-Schuhe, an deren Unterseite ein Stück Brett in beliebiger Form (viereckig, rund, s-förmig, dreieckig und flach, oder aus einem Holzstück, keilförmig nach vorne, hinten, seitlich, halbrund) montiert ist, mit Teppichboden zum Rutschen oder umgekehrten Teppichboden zum Stoppen, oder einem anderen Material aufgeklebt.
- **Federschuhe** sind feste Schuhe, an deren Unterseite 1-2 Spiraldruckfedern montiert sind. Anstelle von festen Schuhen können z.B. auch von Behindertenstehständern die vorgeformten Fußtritte mit Halterung, Unterschenkelschienen mit Fußteil oder orthopädische Schuhe verwendet werden (erhältlich bei Körperbehinderteneinrichtungen oder in Sanitätshäusern).
- **Rollschuhe**, Rollbretter, Skateboards
- **Pedalos** in verschiedenen Ausführungen (siehe Sportartikel-Versand)
- **Autoreifen-Pedalo** ist aus zwei Autoreifen, die mit einem Z-förmigen Stahlrohr (an der Felge angeschweißt) verbunden wurden, zu-

sammengebaut. Die Füße können auf zwei Holzklötzen, die das Stahlrohr umfassen, stehen.

- **Stelzen** in verschiedensten Größen und Schwierigkeitsgraden:

  Leichte Stelzen bestehen aus einem Holzklotz (zum Daraufstehen), an dem seitlich eine Holzleiste (zum Festhalten) angeschraubt wurde.

  Stelzendosen sind Plastikdosen (Blechdosen, Holzklötze), an die jeweils eine Schnur zum Halten/Hochziehen befestigt wurde (auch billig erhältlich im Sportartikel-Versand), längeres Holz mit zwei Seilen für zwei Kinder.

  Riesenstelzen besitzen eine Fußplatte und eine Unterschenkelbefestigung. Größere Standfestigkeit bieten 4-Punkt-Stöcke als Basis, auf die Fußplatten und Unterschenkelhalterung geschweißt wurden.

- **Fässer, Tonnen, Kabelrollen** unterschiedlichster Größe eignen sich zum darauf Balancieren und Gehen.

  (Papp- und Plastikfässer erhält man bei Chemiefabriken, Kabelrollen beim Fernmeldeamt u. Elektrokabel-Großhandel oder Baufirmen, kleine Holzzylinder mit seitlichen Rädern im Psychomotorik-Artikel-Versand).

  Als Hilfsmittel dürfen Stöcke und Krücken verwendet werden. Geeignet ist auch die Wand oder ein durch den Raum gespanntes Tau zum Halten bzw. zum sich Vorwärtsziehen.

2. Aufbau:

- Das Material steht geordnet in einer Ecke. Nachdem es benutzt wurde, muß es wieder an seinen Platz zurückgestellt werden.

3. Lernspiele:

- Die Kinder dürfen das Material frei wählen, **ausprobieren** und wechseln.

  Variation: Das Material wird auf Signal **gewechselt** oder ausgetauscht.

  Variation: Immer nur 1 Schuh (z.B. der rechte) wird gewechselt, so daß der Körper sich auf zwei unterschiedliche Schuhe einstellen muß.

  Variation: Es kann auch rechter und linker Schuh vertauscht werden.

- Es können **Fangspiele** gespielt werden.
- Es können **Anschleichspiele**, Kreisspiele oder Kinderspiele gespielt werden (z.B. Der Fuchs geht um, wer hat Angst vorm schwarzen Mann...).

- Es können Linien und **Straßen** markiert oder gebaut werden, an denen entlanggegangen, -balanciert wird. Die Straßen können auch aus Material (Holzstege, -bretter, Schrägen, Matratzen, Turn- u. Weichbodenmatten, Schaukelbrett, Wippbrett, Reifen aufgeblasene Schläuche zum Übersteigen, mit Matten bedeckte Schläuche, Kastenteile, sonstige Hindernisse) bestehen.
- Es wird mit/ohne **Stöcke**/Krücken gelaufen.
- Aufgestellte **Hindernisse**, die bei Berührung leicht umfallen, erschweren das Freie Bewegen/Fangen im Raum, besonders wenn enge Durchgänge und Tore gebaut werden (aus Schachteln, Blechdosen, Schaumstoffbausteinen)
- Es kann auch eine **Wanderung** durch's (Schul-)Haus unternommen werden.
- Es können leichte **Ballspiele** gespielt werden.
- Es kann im **Dunkeln** gespielt werden.

4. Bemerkungen:

- Im Vordergrund dieses Raumes steht das Üben des Körperschemas: durch neue, ungewohnte, nicht alltägliche Bewegungsmuster und durch das ständige Umstellen nach Materialwechsel muß der Körper sich immer wieder aufs Neue der Umwelt und der veränderten Gleichgewichts-, Steh- und Gehsituation anpassen. Von der vestibulären und kinästhetische Wahrnehmung wird verlangt, diese neuen Bewegungsmuster zu kontrollieren und die Basis für die notwendige Koordination zu liefern.
- Die Kinder sind meist motiviert, diese neuen Bewegungen auszuprobieren und zu erlernen. Selbst bisher ängstliche Kinder bemühen sich nach dem ersten Lernerfolg mit leichterem Material, das Gleichgewicht mit schwierigerem Material zu halten. Es sollten deshalb immer verschiedene Schwierigkeitsstufen eines Materials angeboten werden, z.B. von den Stelzendosen, Stelzenklötzen bis hin zu den hohen wackeligen Stelzen, die an den Unterschenkel geschnallt werden können.
- Es besteht bei einem kleinen Teil des Schuhwerks und der Skier die Gefahr des Umknickens im Bereich des Fußknöchels, wenn entweder das Leistungsniveau viel zu hoch angesetzt wurde, wenn das Kind anfangs nicht konzentriert damit üben konnte, oder wenn kein knöchelhohes festes Schuhwerk dafür verwendet wurde.
- Manchmal ist es sinnvoll, nur das Material zum Gehen anzubieten, also ohne Tonnen, Rollbretter, Pedalos; besonders wenn Fangspiele

oder auf Straßen gespielt werden soll. Dagegen zum freien Ausprobieren ist das Anbieten von verschiedenstem Material zu befürworten.

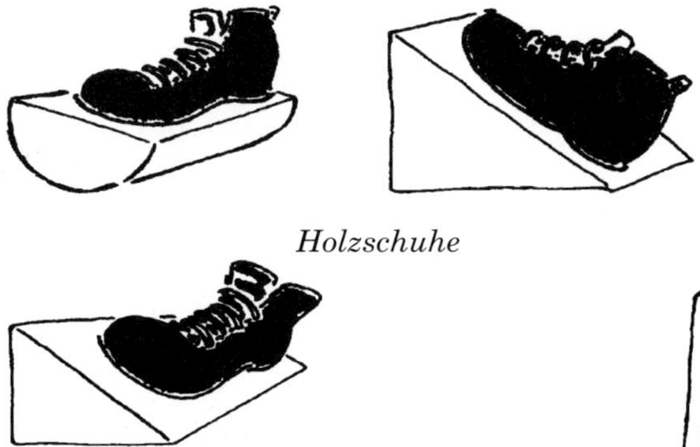

Holzschuhe

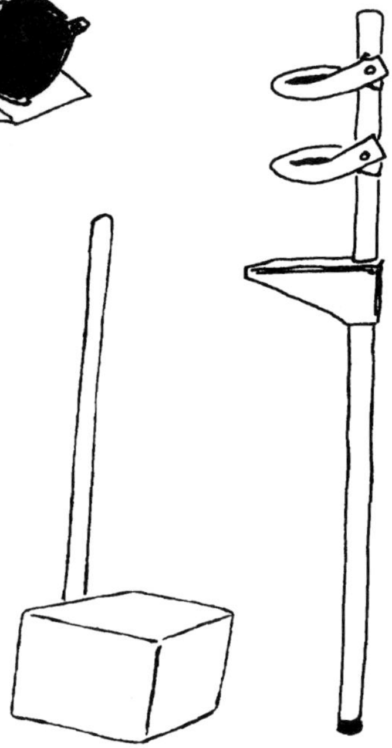

Stelzen

Riesenski

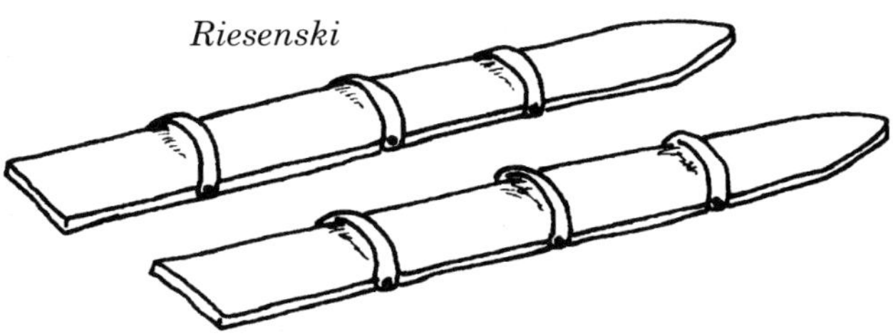

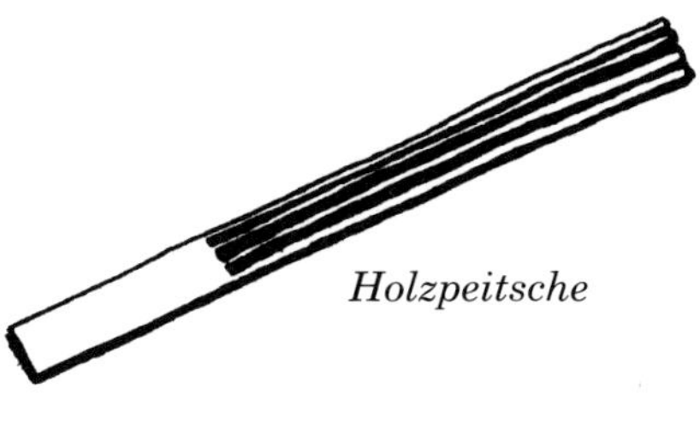

Holzpeitsche

Luftpumpenschuh

Labyrinth

Förderschwerpunkt:
Körpergrenzen
räumliche Orientierung

1. Material

- Tische, Stühle, Langbänke, Kästen
- Turnmatten, dreiteilige und einteilige Matratzen
- Sperrholz- und Preßspanplatten, großflächige Pappe und festes Papier (im Großhandel aufgerollt erhältlich), Alufolie, Dachisolierfolie, Plastikplanen, Zeitungen, Stoff, Gardinen, Vorhänge, Decken, Felle, Flokati.
- Stoffkriechtunnel, zusammengebundene Autoreifen, große Kartons, auch einzeln geöffnet oder ineinander verschachtelt zum Durchkriechen.

2. Aufbau:

- In einem kleineren Raum wird nur ein Material verwendet, im großflächigen Raum kann das Labyrinth aus verschiedenen Teilen bestehen, die alle eine Öffnung zu dem mittleren Versammlungsraum hin besitzen. Dieser Versammlungsraum kann durch einen aufgehängten Fallschirm, ein Schwungtuch oder große Stoffbahnen gebildet werden.
- Die sich verzweigenden Gänge, Sackgassen und kleinen Höhlen werden aus den Tischen, Stühlen, Bänken, Kästen gebildet, deren Wände bzw. Decken aus den Matten, Matratzen, Holz- und Papp-Platten bestehen.
- Vorteilhaft sind schnell veränderbare Öffnungen und Zwischenwände.
- Matratzengänge sind seitlich aufgestellte dickere dreiteilige Sprungfedermatratzen, auch bedeckt von Matratzen.
- Die Wände und Decken aus Folien, Papier, Stoff und Plastik lassen sich am Besten zwischen zwei Dachlatten vertikal aufgespannt an den Tischen, etc. befestigen.
- Aus am Boden liegenden Kästen ohne Deckel und Räderteil sind schmale und hohe bzw. breite und niedrige Holzgänge herstellbar.
- Instabilere Gänge können aus aufeinandergeschichteten großen Kartons gebildet werden oder aus geöffneten Kartons zum Durchkriechen.

- Instabilere Gänge oder Wände sollten möglichst sich am Rande des Labyrinths befinden, damit eine notwendige Reparatur einfach zu bewerkstelligen ist.
- Die Wände und Verbindungen sollten eindeutige Wege und Öffnungen aufzeigen und anderweitiges Durchkommen verhindern.

3. Lernspiele:	**Ziele:**
– Die Kinder **erforschen** krabbelnd, kriechend, schlängelnd oder gebückt die verschiedenen Gänge und Tunnels.	Körpergrenzen taktile Wahrnehmung
– Die Kinder können auch mit schmaleren **Rollbrettern** die genügend breiten Gänge befahren.	Behutsamkeit
– Ein Kind krabbelt voraus und **kennzeichnet** seinen Weg mit Wollfaden, Erbsen, Kastanien o.ä. Die anderen Kinder versuchen den Weg zu **finden**.	räumliche Orientierung taktile Wahrnehmung
Die Kinder versuchen einzeln den verbal beschriebenen Weg (anhand von markanten Stellen) **nachzukrabbeln** und zum Zielpunkt zu gelangen. Dort ist für jedes Kind ein Schatz.	räumliche Orientierung
– Die Kinder **suchen** Schätze, tragen Puzzleteile und passende Memorykarten zusammen, oder jedes Kind sucht Bälle/Gummiringe in seiner Farbe oder im Dunkeln gleiche Formen/Buchstaben.	visuelle Wahrnehmung taktile Wahrnehmung
– Möglich sind **Anschleich**- und **Fangspiele** mit dem hungrigen Höhlenmonster oder die Gruppe der Monster und die Gruppe der Geister fangen sich gegenseitig, indem ein Geist von	räumliche Wahrnehmung

Lernspiele:	**Ziele:**
zwei Monstern (von vorne und hinten) eingekreist wird und umgekehrt. Der Gefangene wird dann in die eigene Gruppe aufgenommen (Kennzeichnung/Plaketten).	
– Nachdem Zwischenwände, Ausgänge, Durchgänge **verändert** wurden, suchen die Kinder den neuen Ausgang, versuchen von Punkt A nach B auf dem kürzesten Weg zu gelangen. Erschwert wird die Suche durch ständiges Verändern der Struktur durch den Erwachsenen oder ein Kind von Außen.	Neuorientierung
– Auch im völlig **abgedunkelten** Raum mit/ohne Taschenlampe kann das Labyrinth erforscht **oder** ein bestimmter Zielpunkt erreicht werden.	taktile Wahrnehmung
– Auch kann im Labyrinth gut **Verstecken** gespielt werden.	Entspannung

4. Bemerkungen:

– Ängstliche Kinder, die nur in gewohnter Umgebung sicher auftreten können, bedürfen der langsamen Gewöhnung an komplexere und unübersichtlichere Gangstrukturen. Sie müssen zuerst schon vom Eingang aus den Ausgang sehen können.

Erst wenn sie sich räumlich besser orientieren können, wenn sie sich auch durch längere Tunnels krabbeln trauen, werden sie mit Freude neue Wege erforschen und sich in dunklen Gängen wohlfühlen.

– Durch die verschiedenen Gänge aus unterschiedlichem Material entstehen unterschiedliche Lichteffekte und Hautwahrnehmungen. Diese Unterschiede, sind sie wohlstrukturiert, können als Orientierungshilfe dienen (das Matratzen-, Aluminium-, durchsichtige Plastik-, Gardinen, Holz-, Stoff-Labyrinth ...).

- Durch die nicht sehr breiten Gänge, die engen Ecken erspüren die Kinder ihre eigenen Körpergrenzen, die Länge ihrer Beine. Vor allem die instabileren Gänge, die bei Berührung eher einstürzen, helfen dem Kind sich behutsam und achtsam zu bewegen.
- Noch komplexer wird ein Labyrinth, und dadurch die Anforderung an die Orientierungsfähigkeit, wenn eine zweite, oder sogar eine dritte Ebene hinzukommen. Die untere Ebene wird aus zusammengebundenen Tischen gebildet, mit einigen Lücken, durch die in die obere Ebene geklettert oder über eine **Rutsche** nach unten gerutscht werden kann. Die äußeren Wände müssen in der oberen Ebene stabil gebaut sein. Anbieten würde sich dazu ein Raum, der in seiner gesamten Fläche bebaut werden kann.
- Die Erfahrung zeigt, daß hyperaktive und bewegungsunruhige Kinder sich nicht nur im Labyrinth ausagieren können, sie werden durch die vorgegebene feste Struktur auch unmerklich geführt, ihr Bewegungsdrang in feste Bahnen geleitet, und vor allem wegen der reizarmen, wenig ablenkenden Umgebung beruhigt, konzentriert und entspannt.

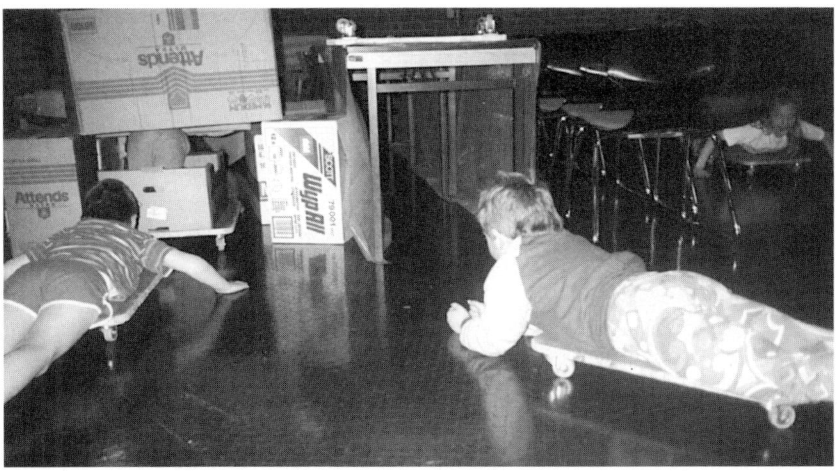

Attends
SCOTT
79001

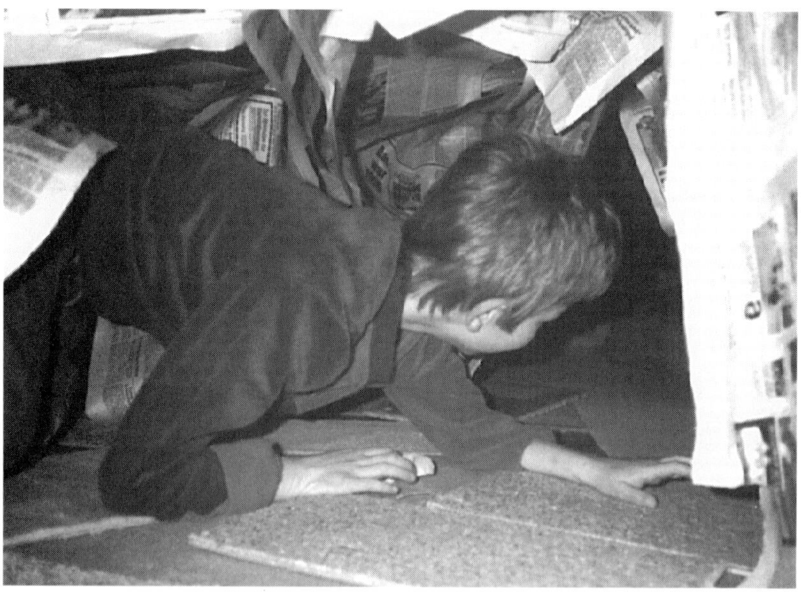

Aufbau eines mehrteiligen Labyrinths:

Die einzelnen Teile des Labyrinths sind nur schematisch dargestellt.

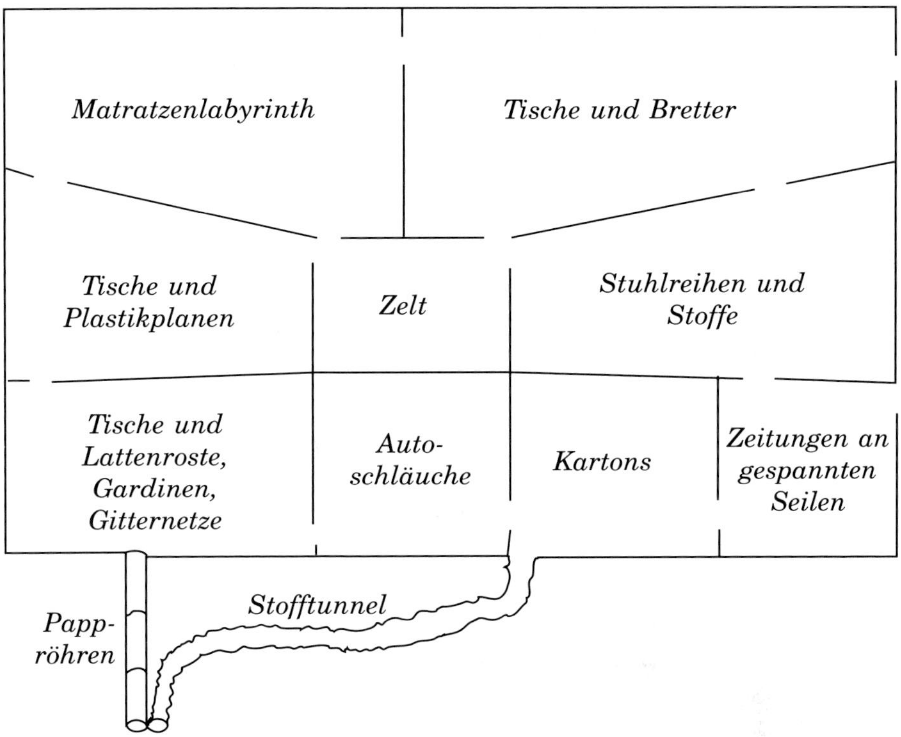

Ein Teil des Labyrinths (eine Kammer) könnte wie folgt gebaut werden:

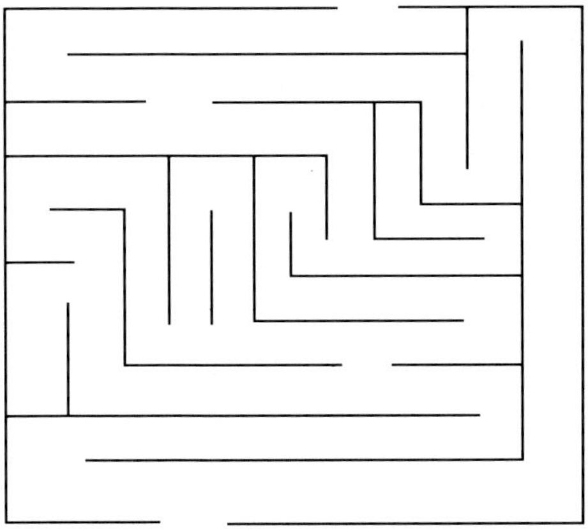

Tennis-Center

Förderschwerpunkt:
Visuomotorik
Körperschema

1. Material:

- verschiedenste Schläger: Tennisschläger, Federballschläger, Tischtennisschläger, Softballschläger, Beachballschläger, Plastikschläger, Auffangtrichter, Topfdeckel, kurze und längere Bretter mit Griff (verjüngtes Ende), Klettballhandschuhe (aus Plastik), auch Brett mit Klettband versehen, große Boxhandschuhe, dicke Fäustlinge, flache Handtrommeln, Blechdosen (große, kleine, schmale, breite) und -dekkel, Jonglierkeulen und -scheiben, Tücher, Kopfkissenbezüge, Dekken zum Auffangen und Wegschleudern, Plastikflaschen, Plastik- und Pappröhren, Waschmitteltonnen, Glockenbälle
- verschiedenste Bälle: Tennisbälle, Tischtennisbälle, kleine Plastikbällchen Papierbällchen, Federbälle, Softbälle, Squashbälle, harte Beachbälle, Holzkugeln, Murmeln, Klettbälle, Indiaca, Hirsesäckchen, Luftballon, Schnurball, Zeitlupenbälle, Tücherbälle (um Watte/Papier/Wollknäuel gebunden mit Schweif), kleine Medizinbälle, Pezzibälle, Frisbees, Jonglierscheiben
- verschiedenste Ziele, aufgespannte Netze und Schnüre, Feld- und Standortmarkierungen und -linien am Boden aufgeklebt. Matten, Matratzen, Weichbodenmatten, Pappkartons, Schaukelbrett, Sportkreisel etc. als Standorte, Spielfelder, Grenzen.

2. Aufbau:

- Schläger und Ballmaterial werden getrennt in Kisten angeboten.
- Die Standorte und Spielfelder sind aufgezeichnet und aufgebaut.

3. Lernspiele:

- Die Kinder wechseln selbstständig im **Stationsbetrieb**, auf Wunsch auch mit einer Ergebniskarte und festgelegten Übungen.
- Die Kinder versuchen möglichst oft zu zweit/in einer Kleingruppe den Ball hin- und herzuspielen, ohne Bodenkontakt, mit einem/zwei/ möglichst vielen Bodenkontakten.
- **Ein Kind** versucht den Ball möglichst oft in die Luft zu werfen und wieder aufzufangen ohne/mit Bodenkontakt.

- Im **Kreis** stehend mit gleichen/verschiedenen Schlägern wird 1 Ball/ mehrere, gleiche/verschiedene Bälle weitergereicht/-geschlagen ohne Bodenkontakt.
- Die Kinder spielen **über** aufgespannte Schnüre, durchsichtige Netze, Plastikplanen, undurchsichtige Decken und aufgestellte Matten, Kästen, Langbänke.
- Die Kinder spielen **unter** den aufgespannten Schnüren, Netzen, Dekken, aufgestellten Kastenteile (senkrecht, waagrecht, mehrere übereinander) hindurch, mit einem/keinem Bodenkontakt.
- Die Kinder spielen **durch** aufgestellte Kästen, aufgehängte Holzreifen, aufgestellte Auto/LKW-Reifen hindurch.
- Die Kinder versuchen mit leicht **verbundenen Augen** zu spielen, evtl. mit dem Glöckchenball zu rollen.
- Die Kinder spielen über die **Wand prellend**, also **indirekt** zu ihrem Partner, auch in ein senkrecht gestelltes **Minitramp** prellend.
- Die Kinder spielen sich die Bälle über möglichst **kurze/weite** Distanzen zu.
- Die Kinder spielen mit ihrem Partner, gleichzeitig mit allen Kindern **in einem Feld** sich befindend, sich ihren Ball zu. Dabei sollen sie ihren Standort beibehalten, sich nicht vom eigenen Ort bewegen. Welche Paare verlieren als erste/letzte ihren Spielball?

  Variation: Die Kinder dürfen nicht stehenbleiben, sie sollen sich kreuz und quer durch das Feld **bewegen**.

  Variation: Welches Paar schafft es, spielenderweise von einer Feld-/ Raumseite zur anderen zu gelangen, ohne Ballverlust?
- Wechselspiel: Alle Kinder spielen gleichzeitig alleine/zu zweit/in der Kleingruppe mit ähnlichen Schlägern. das unterschiedliche Ballmaterial wird auf Signal hin **gewechselt**.

  Variation: Bei ähnlichem Ballmaterial wird der Schläger gewechselt.

4. Bemerkungen:

- Weil dieses Material nicht fixiert werden kann, muß es in eindeutiger und klarer Weise angeboten werden. Es darf nicht zweckentfremdet werden (z.B. mit Schlägern werfen) und die Stationen müssen zumindest in den ersten Stunden gekennzeichnet und zugeordnet werden. Ist die Gruppe in der Lage, eigenständig Struktur und Ordnung zu halten, können die Kinder die Stationen und das Material aufbauen, variieren und zuordnen.

- Weil dieser Aufbau vom Kind eine gewisse Grundkonzentration verlangt, kann vor dem freien Benutzen des Raumes ein Bewegungs-, Ausagier- oder Fangspiel angeboten werden. Genauso sind anfangs kürzere Intervalle oder mehrere kleine Pausen angebracht.

  Eine andere Möglichkeit besteht darin, eine Ausagierecke im Raum oder vor dem Raum zu schaffen, z.B. eine Schaukel, das Trampolin aufzubauen.
- In erster Linie wird in diesem Raum die Auge-Hand-Koordination (Visumotorik) geübt. Dies schafft nicht nur die Voraussetzungen für eine verbesserte Feinmotorik, sondern durch die Vielzahl der unterschiedlichen Ball- und Schlägermaterials lernt der Körper, sich auf verschiedenste Bedingungen einzustellen, zu vergleichen und geeignete Bewegungsantworten abzurufen (Körperschema).

Zielräume

Förderschwerpunkt:
Visumotorik
Feinmotorik
Körperschema

1. Material:

- leichte, schwere, kleine, große Bälle unterschiedlicher Farbe, Medizinbälle, Basketbälle, Gummibälle, Schaumstoffbälle, Igelbälle Geräuschebälle, Softbälle, Papierbälle, Zeitlupenbälle, Pezzibälle, kleine u. große Luftballons, Riesenluftballons, unterschiedl. Form, Holzkugeln unterschiedlicher Größe, Glasmurmeln, Perlen, Münzen, Tischtennisbälle, Plastikbällchen, Hockey-Puk, Federn, Watte, Kanister, Autoreifen oder aufgeblasene LKW-, bzw. Fahrradschläuche kleine Holz- oder Plastikringe, Tennisringe, Hüte, Schuhe, Jacken Plastikkeulen, Spülflaschen.
- als Ziele: Kegel, Blechbüchsen, aufgehängte Bleche unterschiedlicher Größe, senkrecht aufgestellte Minitrampoline, Reifen mit aufgenähten Bettbezügen, Netzen, Zeitungsblättern, Körbe am Boden, an der Wand oder den Seilen aufgehängt, bewegt, kleine, dünne und größere, dickere, höhere Holzständer, Kleiderständer, Garderoben, umgekehrte Stühle, Bierkisten, Schachteln geöffnet o. mit hineingeschnittenen Türen, Holztorwand mit verschiedenen Löchern, am Boden, aufgeklebte Markierungen und Felder.
- Hilfsmittel: Stäbe, Stäbchen, Fliegenpatsche, Tennisschläger, Keksdosendeckel, Hockeyschläger, Seile, Fahrradpumpe, Röhren von Teichboden, Regenschirm.
- Hindernisbahnen aus Hölzern, Kästen, Schachteln, Kegeln, Matten Pappröhren, Schrägen Ebenen, Wippen, Tunnels.

2. Aufbau:

- Die Kinder durchlaufen die verschiedenen Stationen. Die Stationen sind entweder schon aufgebaut oder die Kinder kombinieren das bereitgestellte Material und bauen selbstständig den Stationsbetrieb auf. Oder jedes Kind darf sich seine eigene Station bauen und damit üben. Wechsel nach eigenem Gutdünken und Wahl.

Stationen:

- Eine Mauer/Pyramide/Turm aus Blechdosen/Schachteln wird **umgeworfen** oder **umgekegelt**.

- In bestimmte Ziele/Blechdosen/Schachteln/Markierungsfelder wird **gerollt**.
- Es wird gegen aufgehängte/aufgestellte Bleche unterschiedlicher Größe und unterschiedlicher Tonhöhe **geworfen**.
- Es wird gegen senkrecht aufgestellte Minitrampoline unterschiedlicher Spannung **geworfen** und wieder **aufgefangen**.
- Es wird durch aufgehängte Reifen **geworfen**, die mit Zeitungspapier bespannt oder an denen Auffangnetze/Bettbezüge/Müllsäcke befestigt sind.
- Es werden kleine Bälle oder mit etwas Wasser gefüllte kleine Spülflaschen in Bierkästen **geworfen**.
- Es wird in Körbe **geworfen**, auch wenn diese bewegt werden, z.B. wenn der Korb, am Klettertau befestigt, geschwungen wird, oder an den Schwungringen hoch gezogen und herabgelassen wird.
- Es werden Kanister mit möglichst wenig Würfen über eine bestimmte Distanz oder in ein Zielfeld **vorwärtsgetrieben**.
- Es werden Federn/Tischtennisbälle ins Ziel **gepustet**.
- Autoreifen o.ä. werden durch enge wackelige Mauern **gerollt**.
- Bälle/Materialien werden möglichst nahe ins Zielfeld **geworfen/gerollt.**
- Verschiedenartige Kegelaufbauten aus verschiedenstem Material werden **umgekegelt**, so daß möglichst viele Kegel umfallen, bzw. es wird durch den Kegelaufbau **hindurchgerollt**, so daß kein Kegel umfällt. Beim Kegeln kann der Ball auch von der Decke an einer Schnur herunterhängen. Langbänke dienen als seitliche Begrenzung.
- In kleine Plastikreifen (Tennisring) können auch größere Bälle oder Holzkugeln so hinein**geworfen** werden, daß sie auf dem Ring zum Liegen kommen je kleiner der Ring, desto schwieriger ist ein Treffer zu erreichen.
- auf Holzständer unterschiedlichster Art, bzw. Garderobenständer, Kleiderhaken, über senkrechte Holzstäbe werden Ringe, Reifen, Kleidung, Hüte **geworfen**.
- Eine große Sperrholzplatte mit verschieden großen Löchern wird an einem Tor, am Hochreck oder an Seilen hängend befestigt. Mit verschieden großen Bällen wird durch die Löcher geworfen oder **geschossen**.

  Variation: In einigen Löchern hängen Glöckchen, die bei Treffern ertönen.

Variation: An der Rückseite der Löcher sind Netze oder Blecheimer angebracht, so daß jedes Kind seine Trefferanzahl nachzählen kann.

Variation: Die Platte liegt horizontal zwischen zwei Kästen. An der Unterseite sind Netze oder Eimer angebracht.

Variation: Anstelle der Platte ist ein großes Leintuch mit Löchern gespannt. An den Löchern können Stoffröhren mit Glöckchen oder Blechdosen am Ausgang angebracht werden.

- Mit **Pfeil und Bogen** wird auf eine Strohscheibe **geschossen**. Anstelle der Pfeilspitze können kleine Plastiksaugnäpfe und eine Plastikscheibe benutzt werden.
- Die kleinen Dart-Pfeile gibt es auch mit Plastikspitze.
- mit unterschiedlichstem Begrenzungsmaterial und verschiedensten Hindernissen (Schräge, Tunnel, Abstand vom Boden, Ecken, Sackgassen, Labyrinthgänge, Brettern als Spielfläche mit Unebenheiten, „falschen" Löchern ...) können **Minigolfanlagen** konstruiert werden, die mit möglichst wenig Ballkontakt, oder möglichst vielen verschiedenen Bällen durchlaufen werden. Ähnlich können Tore für **Kricket** gebaut werden.
- Genauso kann aus Papier, Pappe, Klopapierrollen und Holzleisten ein **Mini-Minigolf-Parcours** gebastelt werden, der mit Murmeln mit/ohne Mini-Schlägern (Holzleisten) oder mittels Fingerschnippen durch„laufen" wird. Dabei kann das Kind bequem neben der Pappbahn knien oder, falls auf einer Tischreihe aufgebaut, auch stehen.
- Münzen/Murmeln/Papierkügelchen können mit **Fingerschnippen** auch in bestimmte Ziele, Tore, Markierungsfelder befördert werden.
- Münzen oder kleine Plastik/Holz/Metallscheibchen (Unterlegscheiben/**Flohhupferspiel**) werden gegenseitig durch nach unten Drücken vorwärts/durch die Luft in Ziele bewegt.

Spiele:

- **Jägerball:** der Jäger wirft die Hasen mit einem Softball ab. Entweder werden dadurch die Hasen zu Mitjägern oder sie werden von Mithasen wieder befreit oder der abgeworfene Hase wird zum Jäger, der bisherige Jäger wird Hase.
- **Kanistertreiben:** die gegenüberstehenden zwei Parteien versuchen mit verschiedensten Bällen den Kanister über die gegnerische Ziellinie zu treiben.

  Variation: Vier Parteien stehen sich im Viereck gegenüber

- **Hasenkorb:** einer/mehrere Hasen rennen mit einem Korb auf dem Rücken durch den Raum, in den die anderen Mitspieler die herumliegenden Bälle (Eier) hineinwerfen wollen.
- **Kreisball:** die Kinder stehen im Kreis. Es werden immer mehr verschiedene Bälle im Kreis dem Nachbarn zugeworfen oder zugeprellt. Wieviele Bälle schafft der Kreis zu werfen, ohne daß ein Ball fallengelassen wird?
- **Hockeyspiele** mit den unterschiedlichsten Schlägermodellen, bzw. Ballmaterial.

  Variation: auf Rollschuhen/Pedalo/Rollbrettern fahrend

  Variation: aufgebaute Hindernisse (Dosentürme, Schachteltürme) dürfen nicht umgestoßen werden.

4. Bemerkungen:

- Durch das Kombinieren der einzelnen Zielvorrichtungen, des Wurfmaterials, der Hilfsmittel und der eventuellen Einschränkungen oder Handicaps (mit der schwächeren Hand werfen, bewegte Ziele, mit geschlossenen Augen werfen, nachdem man die Entfernung abgeschätzt hat) entsteht nicht nur eine große Anzahl verschiedenster Lernspielmöglichkeiten. Es kann exakt der jeweiligen Entwicklungsstufe der Kinder angepaßt werden. Die Kinder können selbstständig neue Kombinationen erfinden. Bekannte und geübte Bewegungserfahrungen können leicht variiert werden, so daß ein methodisch sinnvoller Weg aufzubauen ist.
- Der Abwurfort kann variiert werden: Balancierend auf Schaukelbrett, Sportkreisel, Wippe, Stelzen, Kasten, Leiter; hängend am Klettertau; bewegend von Rutsche, Schaukel, Rollbrett, Roller
- Durch die unterschiedlichsten Materialien auch an derselben Station lernt der Körper, sich immer wieder von Neuem der Umwelt und den veränderten Umweltbedingungen automatisch anzupassen.
- Aus dieser Vielzahl der genannten Materialien lassen sich themen- oder materialbezogene Schwerpunkte auswählen.
- Der Raum und die einzelnen Stationen müssen sehr klar und übersichtlich (eventuell sogar mit Nummern oder Stationsnamenschildern) strukturiert werden, genauso wie das Materialangebot während der freien Auswahl und Selbstgestaltung der Kinder.
- Falls gewünscht können sich Kinder auch eine „Leistungsliste“ zur Eigenkontrolle anlegen.

Kugelbahnen

Förderschwerpunkt:
visuelle Wahrnehmung
Feinmotorik
Körperschema

1. Material:

Die gelben Plastikschläuche – Drainagerohre – werden als Meterware oder in 50 m Rollen in Baumärkten verkauft (ca. 3,— DM/m). Abhängig von der Raumgröße sind zwischen 100 m und 200 m erforderlich. Im Schlauchdurchmesser von 100 mm können Tennisbälle gut rollen. Es sind auch durchsichtige und verschiedenfarbige Schläuche geeignet.

20 – 100 Tennisbälle können in Tennisvereinen gesammelt werden;
einzelne Bälle mit unterschiedlicher Farbe;
einzelne Bälle mit eingebauten Glöckchen oder ähnliches;
einzelne selbstleuchtende Bälle werden im Artistikladen angeboten.

Als Klettergeräte dienen: Stufenbarren, Kästen, Sprossenwand, Klettertaue, Strickleitern, Stehleitern, Langbänke, Rutschen, Tische, Hokker.

Zum Befestigen der Schläuche sind Haken in Wand und Decke, außerdem starker Bindfaden vonnöten.

2. Aufbau:

Bei orientierungsschwächeren und leicht reizüberflutbaren Kindern empfiehlt sich eine stufenweise Gewöhnung und Anpassung, d.h. ein langsames Vermehren der quer durch den Raum in Kurven, Schleifen und Geraden aufgehängten Plastikschläuche als Kugelbahnen unterschiedlicher Länge.

Die Klettergeräte unterschiedlicher Schwierigkeitsgrade, die auch verschiedene grobmotorische Fähigkeiten verlangen, werden benutzt, um die Einwurföffnungen zu erreichen.

Als akustische Kontrolle sind kleine Glöckchen in die Schläuche einzuhängen bzw. Tambourine u. Blecheimer als Auffangbecken verwendbar.

Als Ergänzung sind einzelne leicht schräg stehende 3-4 m hohe Papprollen (vom Teppichbodenhändler) geeignet mit einem Papp-Trichter als Wurfziel und einem verschließbaren ausgeschnittenen Ausgang zum Sammeln der Bälle in der Röhre.

3. Lernspiele:	**Ziele:**
– Die Kinder **klettern** an den Klettergeräten hoch, um die Tennisbälle in die Schlauchöffnung **hineinzulegen**. Anschließend **verfolgen** sie die Laufbahn mit den Augen, bzw. mit den Händen. Sie **erhören** mit dem Ohr an der Kugelbahn die Bewegung.	Körperschema und -geschicklichkeit Feinmotorik visuelle Wahrnehmung taktile Wahrnehmung akustische Wahrnehmung
Sie **verfolgen** mit der Taschenlampe im abgedunkeltem Raum die Bewegung der Bälle.	Visumotorik Figur-Grund-Wahrnehmung
– Es können im **Dunkeln** auch Leuchtbälle verwendet werden.	
– Die Kinder **werfen** aus einem gewissem Abstand hinein (durch einen Papptrichter ist das Einwurfloch vergrößert).	Feinmotorik/Visumotorik
– Mit Farben/Formen/Buchstaben/Zahlen gekennzeichnete Bälle werden gekennzeichneten Ein- und Ausgängen **zugeordnet** (Wortkarten, Symbole).	Formkonstanz Raumorientierung
– Die unterschiedlichen Ballgrößen werden den unterschiedlich breiten Schlaucheingängen **zugeordnet**.	
– Die Kinder versuchen, den selber eingeworfenen Ball am Ausgang des Schlauches **aufzufangen**.	Schnelligkeit Raumorientierung
Variation: Auf einem Rollbrett entlang der an einer Wand befestigten Kugelbahn **fahren**.	
– **Partnerspiel:** A wirft ein. Wenn B den Ausgang rechtzeitig findet und den Ball **auffangen** kann, wird gewechselt; B	Raumorientierung Reaktionfähigkeit Feinmotorik

wirft ein, während A versucht, den Ball aufzufangen. Ansonsten darf A nochmals einwerfen.

- Am Ausgang der Schläuche sind Schachteln, Ballnetze, Spieluhren, Blechdosen, Türme zum Umfallen und andere Ziele **aufgebaut**, um die verschiedenen Ausgänge unterscheiden zu können.

  Variation: Zum bestimmten Ausgang muß der entsprechende Eingang **gefunden** werden.

Orientierungshilfen für die akustische und visuelle Wahrnehmung

4. Bemerkungen:

- Die meist gelben Drainageröhren, die quer durch den Raum aufgehängt sind, bieten nicht nur einen schönen Anblick, sondern fordern das Kind sofort auf, aktiv die Beschaffenheit des Raumes zu untersuchen, in Besitz zu nehmen und Bälle in die Bahnen zu werfen oder legen. Von dieser hohen Eigenmotivation, die Kugelbahn zu betätigen, profitiert das Ziel, verschieden schwere Klettergeräte erklimmen zu können.
- Die bewegungsfreudigen Kinder können sich über die Kletterei ausagieren, jedoch müssen sie sich im „Wirrwarr“ der verschlungenen Kugelbahnen behutsam und konzentriert bewegen, damit nichts zerstört wird.
- Das Verfolgen des Ballverlaufes, das Verknüpfen von Ein- und Ausgang verlangt ebenfalls ein hohes Maß an Konzentration.
- Die bewegungsängstlicheren Kinder werden unmerklich an die verschieden schweren Klettereien herangeführt, da die Eingangslöcher sich in verschieden hohen Abständen vom Boden befinden. Je länger die Kugelbahn ist, um so höher muß das Einwurfsloch sein.
- Die Bewegungen im Raum werden von diesem Röhrendschungel bestimmt, der Körper lernt automatisch sich den Anforderungen anzupassen (Körperschema), wie Hindurchkriechen, Vorbeischlängeln, Übersteigen, Hindernisse Überwinden und Wege Vorausplanen.
- Dies korreliert im gewissen Maße mit der Visumotorik und dem räumlichen Wahrnehmen.

- Die Tennisbälle halten, werfen, auffangen, hineinstecken, zielen schult zudem die Feinmotorik.
- Für wahrnehmungsgestörte Kinder ist es sinnvoll, den Raum langsam mit den Bahnen zu füllen. Wenige Bahnen mit wenig Überschneidungen oder Verdrehungen erleichtern die Orientierung. Hilfreich sind zuerst auch verschiedenfarbige Röhren. Schrittweise kann die Orientierung durch parallel verlaufende Bahnen, durch Kreuzungen, durch mehrere Eingänge nebeneinander, durch verschieden große Bälle und Schlauchdurchmesser erschwert werden.

Kleines Spinnennetz

Förderschwerpunkt:
Körperschema
feinmotorische Koordination

1. Material:

- ca. 400 m elastisches Gummiband (Litze) für einen ca. 40 qm großen Raum, erhältlich in Haushaltsgeschäften u. Kurzwarenabteilungen für 5 DM/10 m. Ein dünneres und billigeres Einzugsband für Unterwäsche reißt schneller und verlangt von den Kindern erhöhte Behutsamkeit, genauso wie festere Wollfäden.

  Es kann auch Wäscheleine in verschiedenen Farben verwendet werden, allerdings nur unter Berücksichtigung der vermehrten Verletzungsgefahr (Strangulieren im Halsbereich), da sie nicht elastisch ist. Sie kann z.B. knapp über dem Boden gespannt werden.
- Holzleisten mit kleinen Haken oder Ösen, die im Abständen von ca. 15 – 20 cm ins Holz gedreht sind.

2. Aufbau:

- Das Gummiband ist waagrecht und parallel zwischen den gegenüberliegenden Wänden auf drei Ebenen gespannt, in Höhe von 20 cm, 60 cm und 100 cm. Für größere Kinder empfiehlt sich entweder ein größerer Abstand der Ebenen zueinander, oder eine vierte Ebene in Höhe von 140 cm.

  Für ungeschicktere Kinder können anfangs noch breitere Rechtecke notwendig sein, so daß nur jeder 2. Haken benutzt werden darf. Schrittweise wird der Aufbau erschwert, indem auch diagonale und schräge Gummibänder gespannt werden.
- Die Anpassung an den strukturierten Raum kann variiert und erschwert werden, indem auf den verschiedenen Ebenen oder in verschiedenen Ecken, verschiedenes (festeres oder dünneres, leichter reißbares) Material verwendet wird. Genauso kann mit verschiedenfarbigen Bändern, Fäden und Seilen experimentiert werden.

3. Lernspiele:	Ziele:
– Die Kinder **bewegen sich** vorsichtig durch das Spinnennetz, sie **schlängeln, kriechen** und **steigen hindurch.**	Körperschema Körperbild

Lernspiele:	**Ziele:**
– Eine langsame Spinne versucht, ihre Opfer an bestimmten Körperteilen mit ihrem Gift zu lähmen. Befreit werden können die gefangenen Opfer durch Berühren an der gleichen Körperstelle (**Fangspiel**).	
– Die giftige Spinne darf sich nur innerhalb eines bestimmten **Korridors** quer durch die Mitte des Raumes aufhalten, während die „Insekten“ versuchen, die andere Seite zu erreichen.	
– An einigen Gummibändern sind kleine Glöckchen befestigt. Die giftige Spinne in ihrem Korridor mit verbundenen Augen muß nur in die richtige **Geräuschrichtung zeigen**, damit der Geräuschverursacher entweder gelähmt wird und befreit werden muß, oder wieder zum Ausgangspunkt zurück muß.	Behutsamkeit akustische Wahrnehmung Ruhephase
– Mit diesen aufgehängten Glöckchen können auch andere **Anschleichspiele** durchgeführt werden, um ein Ziel zu erreichen, einen Schatz zu klauen oder Gefangene zu befreien. Erschwert wird das Anschleichen im Halbdunkel bzw. **im Dunkeln**.	taktile Wahrnehmung
– Auf Signal **wechseln** die „Insekten“ von Nest zu Nest. Sie sind nur innerhalb der Nester (z.B. auf dem Boden liegende Matratzen, Abwechslung von Reifen, Tücher) vor der Spinne geschützt.	Abwechslung von Ruhe und Aktivität Raumorientierung

Lernspiele:	**Ziele:**
– Die Kinder versuchen zusammengehörige oder ergänzende Quartett- oder Memorykarten die im Raum verteilt, versteckt oder an den Gummibändern mit Wäscheklammern aufgehängt sind, zu **finden** und zu **sammeln**.	
– Bei Nacht (**dunkler Raum**) **bewegen** sich die Kinder vorsichtig, um ein Ziel zu erreichen (eine Geräuschquelle, ein schwaches Blinklicht, ein vorher beschriebener Ort).	taktile Wahrnehmung Raumorientierung kustische Wahrnehmung
Oder die Kinder **suchen** verstreute Schätze, aufgehängt, am Boden liegend ohne oder mit Taschenlampe oder bei Blinklicht (rot/gelb/weiß) im nächtlichen Gewitter.	taktile Wahrnehmung visuelle Wahrnehmung
– Einzelne Gänge, Höhlen oder ein **Labyrinth** entstehen durch an den Gummibändern mit Wäscheklammern senkrecht aufgehängte Tücher/Zeitungen. Plastikplanen, die waagrecht Teile einer Ebene bedecken, zwingen die Kinder zum Kriechen.	Raumorientierung
Als Spiele bieten sich Versteck-, Schatzsuch- und Fangspiele an.	

4. Bemerkungen:

- Dieses Spinnennetz ist nicht zum Toben geeignet. Deshalb sollte entweder vor diesem Raum Material zum Ausagieren (Schaukeln, Rollbrett) angeboten werden, oder der Anfang der Übungsstunde beinhaltet Ausagierphasen.
- Größere Räume können auch durch Trennwände, Kästen oder Barren, an denen die Hakenleisten befestigt sind, verkleinert werden.

– Für sinnvolles Spielen kann dieser Raum nur eine entsprechende Anzahl Kinder aufnehmen. Im überfüllten Raum behindern die Kinder sich gegenseitig, den Raum zu er- und begreifen, so daß ihr Körper die notwendigen Lösungsmöglichkeiten nicht verinnerlichen kann.

– Indem die Kinder (fleißigen Bienen) in ihren Händen Material transportieren, eventuell auch brennende Kerzen unter Aufsicht, wird verhindert, daß die Hände die Gummibänder jeweils beiseiteschieben und -drücken, bzw. sich auf dem Boden aufstützen. Das Kind kann auch nicht mehr kriechen und krabbeln, sondern muß mit noch mehr Rumpfbewegungen, gebückt oder übersteigend das Spinnennetz überwinden.

Planet der Zwerge (kleine Schaumstoffbausteine)

Förderschwerpunkt:
Bauen
Ausagieren

1. Material:

Ca. 28 cm x 30 cm x 10 cm große Schaumstoffbausteine, zurechtgeschnitten aus alten Matratzen, aus Abfällen von Schaumstoff- oder Matratzenfabriken, von Baumärkten oder im speziellen Psychomotorik-Versand bestellt.

2. Aufbau:

- das Material ist ordentlich an einer Wand aufgestapelt.
- Mit allen Bausteinen ist eine Mauer quer durch den Raum aufgebaut.
- Die Bausteine liegen als ein großer Haufen/Berg in einer Ecke.
- Die Eingangstüre/der Eingangsbereich ist durch eine Mauer/einen Berg von Bausteinen versperrt, so daß die Kinder, um eintreten zu können, den Berg, die Mauer zerstören oder überwinden müssen.

3. Lernspiele:	Ziele:
– Die Kinder **werfen** die Steine in die Luft, alle Kinder gleichzeitig (Regen),	Ausagieren
werfen möglichst weit, **werfen** in eine Zielmarkierung (aufgehängte Reifen, Körbe, Kästen),	Grobmotorik Visumotorik
werfen gegen eine Wand, **werfen** sich gegenseitig ab,	Ausagieren Visumotorik
werfen Türme (aus Schaumstoff, aus Blechdosen) um, **werfen** alle Steine auf einen Berg.	Ausagieren
– Im **Fangspiel** wirft der Jäger (wütende Maurer) mit einem/allen Steinen nach den davonlaufenden Kindern (Gesellen). Wer den geworfenen Stein je-	Visumotorik

Lernspiele:	**Ziele:**
doch auffängt, wird zum Fänger, während die getroffenen Kinder zu Stein erstarren und befreit werden müssen, z.B. indem sie mit drei Steinen als Insel zum Befreiungspunkt gelangen, ohne den Boden zu berühren.	
– Die Kinder **werfen** jeweils einen Baustein gleichzeitig hoch und versuchen ihren Stein wieder aufzu**fangen** bzw. den Stein vom Partner oder irgendeinem Kind. Wenn ein Stein weniger als Kinder vorhanden ist, wird nach dem erneuten Hochwerfen ein anderes Kind übrigbleiben, das keinen Stein auffangen konnte.	Visumotorik Reaktionsvermögen
– **Zimmer putzen:** Aus den zwei Teilen des Raumes **werfen** die Kinder möglichst viele Steine innerhalb eines bestimmten Zeitraumes (ca. 2 min) in das gegnerische Feld. Welche Partei hat am Ende die wenigsten Steine im eigenen Feld? (Die Mutter sagt: räumt euer Zimmer auf, bis ich wieder komme)	Ausagieren
– Die Kinder **bauen** Mauern, Häuser, Hochsitze bauen Türme bis zur Decke, bauen Betten zum daraufliegen, bauen kleine Türme im Raum verstreut (Wald), bauen Tore zum durchkriechen, bauen Straßen und verschiedene Formen.	Praxie
Variation: Ein Kind **baut vor**, Alle bauen **nach**	visuelle Wahrnehmung

Lernspiele:	**Ziele:**
Variation: Jedes Kind fängt mit dem **Straßenbau** von seinem Platz/Haus/Nest aus an in Richtung Mitte oder eines anderen Kindes. So entsteht eine Stadt.	Interaktion
– Die Kinder **balancieren** auf den Straßen. Sie dürfen den Boden (Wasser) nicht berühren, ansonsten müssen sie warten, bis sie von anderen Kindern befreit werden, indem der entsprechende Körperteil berührt wird.	Gleichgewicht Körperbewußtsein
Die Straßenhöhe kann variieren bis hin zur niedrigen Mauer.	
– **Inselspringen:** Die Kinder durchqueren den Raum, mit Hilfe zweier bzw. dreier Bausteine. Indem sie auf einem (zwei) Baustein(en) stehen, legen sie den übrigen Stein vor sich auf den Boden und steigen auf die vordere Insel über.	Gleichgewicht Körperschema
Variation: alle Bausteine liegen schon verstreut im Raum verteilt.	
– Die Kinder versuchen die **Balance** zu halten, wenn sie auf Mauern/ Hochbetten versuchen zu **liegen**, bzw. wenn sie auf breiten Mauern/ Türmen sitzen oder stehen.	Gleichgewicht
Variation: auch zu zweit oder mehreren.	Interaktion
– Die Kinder **springen** über verschieden hohe Mauern springen vom Berg oder in den Berg hinein.	Grobmotorik Angstabbau

Lernspiele:	**Ziele:**
– Im Wald gehen/**rennen** die Kinder um die aufgebauten Bäume/Türme herum. Die **Bäume** dürfen nicht berührt werden, sie dürfen nicht einstürzen.	Behutsamkeit visuelle Wahrnehmung taktile Wahrnehmung
Variation: Der Wald dient als zusätzliches instabiles **Hindernis** für ein **Fangspiel**.	Interaktion
Variation: Die Kinder bewegen sich als **Kette, Paar** oder Eisenbahn durch den Wald, bzw. als Schlange die sich in den eigenen Schwanz beißen will, bzw. als Mäusekinderkette, an der Spitze die Mäusemutter, die ihre Mäusekinderkette gegen die schleichende (nicht rennende!) Katze oder den hüpfenden Habicht verteidigt, indem sie versucht, immer zwischen dem Angreifer und ihren Kindern zu sein.	räumliche Orientierung
– Die Kinder **transportieren** möglichst viele Bausteine mit Hilfe nur der Hände, ohne Hände, zwischen den Knien eingeklemmt, auf dem Rücken, zwischen zwei/mehreren Kindern eingeklemmt. Die Kinder **tragen** einen hohen Turm vor sich her. Die Kinder **schieben** ein voll beladenes Rollbrett.	Körperschema Interaktion Feinmotorik Behutsamkeit
– Die Kinder benutzen die Steine als Schuhe oder Ski und **rutschen** damit durch den Raum.	Körperschema
Variation: auch im Krabbeln als Knieschoner und Handschuhe	
– Die Kinder **verstecken** sich unter den Bausteinen, lassen	Entspannung

Lernspiele:	**Ziele:**
sich **eingraben**, bis alle Körperteile bedeckt sind (zuerst ohne Kopf).	Körperbild
– Die Kinder **kriechen** und **schlängeln** sich unter einem länglichen Berg hindurch, ohne daß er einstürzt.	Körperschema Behutsamkeit
– Die Kinder **legen, setzen sich** in ein kleines gebautes Nest/Haus, ohne daß ein Teil des Körpers hinausschaut.	Körpergrenzen

4. Bemerkungen:

- Da das Material weich und relativ klein ist, birgt es keine Verletzungsgefahr in sich. Somit eignet es sich gut zum Herumtoben, zum Ausagieren, aber auch für ängstliche Kinder, ihre Scheu vor Aktivität, Werfen, Getroffensein und Fallen zu verlieren. Der Erwachsene muß selten eingreifen.
- Bei unterschiedlichen Interessen der Gruppe kann auch der Raum geteilt werden in einen Tobe- und einen Konstruktionsteil, so daß die Konstrukteure nicht von den Tobern gestört werden dürfen. Oder alle bauen gemeinsam Burgen, bewerfen sich gegenseitig und versuchen innerhalb einer bestimmten Zeit, die anderen Burgen zu zerstören, ohne ihre eigene Burg verlassen zu dürfen. In der Pause werden die Burgen wieder repariert.

ALF

Bauzimmer

Förderschwerpunkt:
Praxie
Feinmotorik

1. Material:

- Riesenlego-Steine 10 x 10 x 5 cm und 10 x 20 x 5 cm Kleinkindplastiklego und kleines Lego, Duplo
- Holzbauklötze unterschiedlicher Größe
- Holzbrettchen ca. 15 x 30 x 3 cm
- Schaumstoffbausteine 20 x 30 x 10 cm
- leere Klopapierrollen, Plastikbecher und -teller
- Bierfilz, Holzstäbchen, kleine Arznei-, Käseschachteln, Filmdöschen
- riesige Schaumstoffwürfel 90 x 50 x 40 cm, große Schachteln und Kartons

2. Aufbau:

- Das säuberlich getrennte Material ist in offenen Kisten verpackt an einer Wand entlang geordnet oder verschiedenen Bereichen des Raumes zugeordnet.
- Vor allem die großen Materialien werden von den Kleineren räumlich getrennt angeboten.
- Als Anreiz können auch an verschiedenen Stellen mit dem unterschiedlichen Material angefangene Bauwerke stehen.

3. Lernspiele:	Ziele:
– Jedes Kind darf sich das Baumaterial selber aus**wählen** und auch **bauen**, was es will. Es kann somit auch die emotionale Situation innerhalb der Gruppe und nach einer Entspannungsgeschichte (Tagtraum) darstellen.	Kreativität Ausdruck
– Die Gruppe **baut** mit einem Material **gemeinsam**, z.B. auch	Kooperation

Lernspiele:	**Ziele:**
mit vorgegebenem Thema (Wir bauen eine Stadt, Ritterburg, Zoo, Dorf).	
– Es wird während einer Stunde öfters das Baumaterial **gewechselt**.	Feinmotorik
Jedes Kind versucht mit jedem Material **das gleiche** Bauwerk herzustellen. Jedes Kind baut nach dem Wechsel am Bauwerk eines anderen Kindes weiter.	Formkonstanz Interaktion
– Alle Kinder **bauen ein** Bauwerk, eine vorgegebene Form **nach**, evtl. auch mit unterschiedlichem Material.	Formkonstanz
– Jedes Kind baut sich mit dem größeren Material ein **Haus**/ ein Zimmer. Es kann sich hineinlegen, ohne daß etwas zerstört wird. (auch in ein kleines Haus)	Praxie Körpergrenzen Behutsamkeit
– Es wird eine **Stadt** mit Häusern, Mauern, Tore, bzw. eine Burg mit vielen Zimmern, Tür- und Fensteröffnungen gebaut.	Praxie
Alle Kinder können sich darin bewegen und spielen, ohne daß etwas zerstört wird. Auch behutsame Fang- und Anschleichspiele können darin gespielt werden.	Interaktion Behutsamkeit
– Das am Boden liegende **Kind** wird mit Material **umbaut**. Die anderen Kinder dürfen ausprobieren, ob sie sich auch in das Bild hineinlegen können. Sie können die bestimmte Körperhaltung auch nachbauen.	Körperbewußtsein Körperstellungen

4. Bemerkungen:

- Jedes der angebotenen Baumaterialien besitzt einen eigenen Aufforderungscharakter. Kleineres Material, speziell die Holz und Legobausteine animiert zum ruhigeren, konzentrierten Bauen, das Alltagsmaterial eher zum phantasievollen Darstellen der kleine Schaumstoff auch zum Einwerfen, die Schachteln zu instabileren Großbauten, die leicht aber ungefährlich bei Berührung einstürzen (gut als Körpergrenzenkontrolle) und der schwere große Schaumstoff sorgt für kinästhetische Wahrnehmung und Tonusaufbau.
- Gerade das Wechseln des Materials innerhalb einer Übungsstunde fördert nicht nur die Anpassung an die Umwelt, die Formkonstanz, das Übertragen in andere Bedingungen, sondern schafft dadurch einen Wechsel von Anspannung, Konzentration und Entspannung.
- Je mehr verschiedenes Baumaterial angeboten wird, desto mehr muß für eine klare räumliche und zeitliche Struktur und Aufteilung gesorgt werden. Es besteht sonst die Gefahr des Überangebotes und der Reizüberflutung. Deshalb sollten besonders hyperaktive Kinder schrittweise an die Vielzahl des Materialangebotes und des Wechselns herangeführt werden.
- Zu viele und zu schnelle Wechsel verhindern die ausgiebige ausreichende Beschäftigung mit einem Material. Es wird nichts zu Ende gebracht und fertiggebaut.

Luftballonzimmer

Förderschwerpunkt:
taktile und visuelle Wahrnehmung
Behutsamkeit

1. Material:

- Luftballons, in verschiedenen Farben und Größen
- Luftpumpen, Gebläse (z.B. vom Airtramp, Föhn, Staubsauger)

2. Aufbau:

- Ein kleinerer Raum ist mit möglichst vielen aufgeblasenen Luftballons (z.B. 1000 Stück) angefüllt, so daß zumindest der Boden ca. 1 m hoch bedeckt ist. Interessant wird es, wenn die Stehhöhe der Kinder überboten ist.
- In einer Ecke des Raumes sollte ein größerer Platz freigehalten werden, damit ängstliche Kinder zuerst zuschauen können, bzw. eine Höhle (Tisch mit Decke davor, kleines Kuppelzelt) für Kinder zum Ausruhen bei Reizüberflutung vorhanden sein.
- In einem größeren Raum sollte der Boden beinahe bedeckt sein.

3. Lernspiele:	**Ziele:**
– Die Kinder **gehen, krabbeln, kriechen** durch den mit Luftballon angefüllten Raum, ohne daß ein Ballon zerstört wird.	Behutsamkeit taktile Wahrnehmung
– Die Kinder **verstecken**, vergraben sich unter den Ballons, dekken sich zu oder werden **zugedeckt**.	Entspannung
– Die Kinder **kriechen** und schlängeln sich unter den Ballons hindurch bis zu einem Ziel, ohne daß die Luftballonbewegung von oben gesehen werden kann.	Behutsamkeit räumliche Orientierung
– Die Kinder treiben mit **Gebläse** oder Luftpumpen die Luft-	Visumotorik

Lernspiele:	**Ziele:**
ballons in eine Ecke, zu einem großen Berg. Einige Kinder liegen in der Ecke und **beobachten** die Luftballons, die vom starken Gebläse hochgewirbelt werden.	visuelle Wahrnehmung
Die Kinder versuchen die in eine Ecke gewirbelten Luftballons in die andere Ecke zu **schlagen**.	Visumotorik
– Die Kinder **suchen** bestimmte Farben, Formen heraus oder speziell gekennzeichnete Luftballons und sortieren diese.	visuelle Wahrnehmung

2. Aufbauvariation: Im größeren Raum verstreut.

3. Lernspiele:	**Ziele:**
– Die Luftballons werden nur mit bestimmten Körperteilen **gestoßen** und bewegt (Ellbogen, Kopf, Füße, linkes Knie) aber auch mit **Pusten** oder **Hilfsmitteln** (Fliegenpatsche, Stock, Stück Teppichrolle).	Körperschema Visumotorik
– Alle Luftballons müssen immer **hochgestoßen** werden keiner darf den Boden berühren. Jedes Kind ist für einen Ballon zuständig, oder für mehrere, bzw. alle Kinder sind für alle Ballons zuständig.	Reaktionsvermögen Interaktion
– Die Kinder dürfen die im Raum verteilten Ballons **nicht berühren**, während sie im Raum frei herumlaufen, sich nach Musik bewegen oder Fangen spielen.	Reaktionsvermögen

Lernspiele:	**Ziele:**
Variation: Der Fänger (Nordwindgeist) treibt mit einem **Gebläse** die Luftballons hinter den Kindern her.	
– Die Kinder **suchen** im **abgedunkelten** Raum (oder mit verbundenen Augen/Tarnkappe) nach den am Boden verstreuten Ballons, sortieren nach Größe/Formen.	taktile Wahrnehmung
– Die Kinder **schlagen** die Luftballons in die Höhe, **schlagen** mit möglichst wenigen Kontakten zur anderen Zimmerseite, **schlagen** im Kreis der Kinder herum (mit einem Luftballon anfangen und langsam die Anzahl der Ballons erhöhen), schlagen im Kreis der Kinder herum mit zwei kleineren Ballons (Mäuse) und einer Katze (die Mäuse dürfen Richtung ändern oder auch quer durch den Kreis).	Visumotorik
– Die Kinder lassen die **Luft aus** dem Luftballon und lassen sich an bestimmten Körperteilen **anblasen,**	taktile Wahrnehmung
lassen ihn wegschnurren und versuchen ihn wieder in der Luft zu **fangen**/setzen sich schnell auf ihn drauf,	Visumotorik
lassen ihn wegschnurren und **ahmen** die Bewegung **nach**.	Körperschema
– Die Kinder schlagen gleichzeitig ihre Luftballons weg und **finden** ihn wieder/fangen ihn in der Luft.	visuelle Wahrnehmung

Lernspiele:	**Ziele:**
– Das Kind versucht sich auf einen Luftballon zu **setzen**, ohne daß er zerplatzt.	Behutsamkeit
Das Kind versucht sich auf mehrere Luftballons zu **legen**, ohne herunterzufallen (Wer kann auf vielen Luftballons **liegen**?)	Gleichgewicht
– Die Kinder versuchen alleine/ mit einem Partner, einen/mehrere Luftballons auf dem Körper (im Liegen) zu **balancieren**	Behutsamkeit
– Ein Kind (auch zu zweit/als Gruppe) **transportiert** möglichst viele Luftballons in das Ziel, auch ohne Hände, zwischen Beinen eingeklemmt, am Bauch klebend beim Rennen.	Körperschema
– Jedes Kind hat am Fußgelenk einen Luftballon angebunden und versucht, den anderen Kindern den Luftballon **auszutreten**, ohne daß sein Ballon zerstört wird.	Reaktionsvermögen
– **Partnerkampf:** Zwei Kinder versuchen den zwischen ihren Bäuchen eingeklemmten Luftballon zu **zerdrücken**.	Ausagieren
– Der Partner **führt** das Kind mit den verbundenen Augen, indem es Geräusche mit dem Luftballon erzeugt.	akustische Wahrnehmung
– Die Kinder sitzen im Kreis und erzeugen als Orchester mit den Luftballons **Geräusche** evtl. darf ein Kind dirigieren (Laut, leise, Rhythmus).	Feinmotorik Rhythmus

Lernspiele:

– **Blindflug:** Die Kinder sitzen im Kreis und leiten die zwei (drei) „blinden" Kinder (Flugzeuge) mit Hilfe der Luftballongeräusche. Jedem Kind ist ein typisches Geräusch zugeordnet. Die Kinder sollen nicht zusammenstoßen.

Ziele:

akustische Orientierung
Interaktion

4. Bemerkungen:

– Das Luftballonzimmer ist, bedingt durch das Material ein unruhiges Zimmer. Ständig sich leicht bewegende bunte Ballons können nicht nur sehr schnell Motivation für reaktive Bewegungen wecken, sie schaffen auch manchmal eine reizüberflutete Stimulation im visuellen und taktilen Bereich. Deshalb ist ein Ausruh- oder Unterschlupfplatz, den die Kinder selbstständig aufsuchen können, einzurichten. Aber auch eine strikte Einhaltung der Minimalregeln ist notwendig.

– Minimalregeln können sein: Keine Luftballons mutwillig zerstören, nur in fest abgegrenzten und kontrollierten Stundenabschnitten frei herumtoben und das Versammlungs- und Pausensignal beachten.

– Nicht nur für ängstliche Kinder ist ein abgetrennter von Material freigehaltener Raumteil wichtig. Für alle Kinder ist es attraktiv, von außerhalb zu beobachten, wie die bunten Luftballons bewegt werden und durch den Raum tanzen.

– Das Luftballonzimmer fordert während des Herumtobens und des Ausagierens ständig behutsam mit dem Material umzugehen. Das Kind erhält dadurch Eigenkontrolle, weil ein Luftballon leicht platzt.

Taktilzirkus

**Förderschwerpunkt:
taktile Wahrnehmung**

1. Material:

Kuppelzelte, kleine Kammern nebeneinander, große Plastikwannen, große Plastiktonnen, aufblasbare Schwimmbecken, mehrere Duschen, große flache Kisten u. Wannen für den Fußparcours, verschiedenstes Material für die Materialzimmer u. den Fußparcours, Decken, Gardinen, Plastikplanen, Fingerfarben, Rasierschaum, Duftbäder, Massageöl, Schmierseife, Spiegel, kleine Luftballons, Eiswürfel, Fön, Heißluftstrahler, Kiste mit kleinen Gegenständen zum Bürsten u. Streichen, Kasten, Langbänke, Turnmatten, dicke Plastikplane, Schmierseife, lange Bodenturnmatte.

2. Aufbau:

- **Naßbereiche:** Im Duschraum werden **Fingerfarben**, Rasierschaum buntschäumende Seifen und Cremes vor einigen Spiegeln angeboten.

  Die **Duschen** werden variiert durch verschiedene **Düsen**, auch speziellen Massagedüsen und Rasensprenger, durch befestigte Drainagerohre, auch in der Dosierung von Wasserstrahl und verschiedener Temperatur. **Plastikwannen** beinhalten kaltes Wasser und **Eiswürfel**. In einem ruhigen Nebenraum kann man in **warmen Duftschaumbadewannen** entspannen.

  Die **Schmierseifenrutsche** ist aus dem Kasten, 3 Langbänken, gebaut, gepolstert mit der langen Bodenturnmatte, mit der Plastikplane überzogen und mit Schmierseife und Wasser rutschig gemacht. Die kleinen **Luftballons** sind mit Wasser gefüllte **Wasserbomben**, die zerplatzen, wenn sie in den Zieltrichter mit hervorstehendem Nagel treffen (vielleicht über einer Tür befestigt?).

- Die **Materialräume**, Zelte und Wannen sind angefüllt mit Styroporchips (aus Verpackungen vom Großhandel), geknülltem Zeitungspapier, Schaumstoffbausteinen und – Chips, Wasserbällen, kleinen bunten Kugelbadbällen aus Plastik (Versand), Klopapier/10 m langen Stoffbahnen/Handtuchrollen zum Einwickeln der Kinder, Heu, Laub, Schlamm, Sand, trockene kartierte oder unkartierte Schafswolle (vom Schäfer).

- Der **Parcours** aus flachen, breiten Kisten füllt einen Gang aus mit Kastanien, Tannenzapfen, Steinen, Moos, Heu, Sand, Laub, Bohnen, Reis, Watte, Schuhabstreifer, Korken, Felle, Teppichboden, Massagematten mit Borsten, enggelegten Tauen u. Seilen.
- Der **Föntunnel** besteht aus zwei Tischen längs hintereinander, die Seiten abgedeckt, und von seitlich oben mit unterschiedlich temperierter Luft beblasen.

  Im **Gebläseraum** gibt es neben Heizstrahler mit Gebläse auch noch Staubsauger mit Schläuchen zum Ansaugen und Blasen der Luft.
- Die **Raumteiler** und Eingänge bestehen aus Plastikplanen, Dekken, Gardinen, italienischen bunten Streifenvorhängen und aus Kreppapierstreifen, aus Perlschnüren und Plastikschnüren.
- Die **Stofftunnel** als Verbindung zwischen zwei Räumen bestehen aus zusammengenähten engeren und weiteren Stoff-, Fell-, Plastik- und Plastikbahnen, mit durchsichtigen und undurchsichtigen Anteilen.
- Das Kuschel- und **Massagezimmer** ist mit vielen Fellen, Decken und von der Decke sich wölbendem Baldachin ausgestattet. In einer Ecke befindet sich eine kleine Höhle zum Verkriechen. Es gibt eine Duftlampe und Massageöl. Kerzen dürfen nur mit besonderen Sicherheitsvorkehrungen verwendet werden. Der Raum gilt als absolute Ruhezone.
- Im **Dunkelzimmer** befinden sich Tastsäcke mit zwei Kammern, die mit jeweils gleichem Material gefüllt sind, verschiedene andere Gegenstände zum Ertasten, Formen und Zeichen aus Sperrholz oder anderem Material, nicht nur mit den Händen, sondern auch mit Bauch, Rücken, etc. erfühlbar. Außerdem als Zuordnungsspiel in einem Kasten mit Fächern mit unterschiedlichen Oberflächen müssen kleine Klötze mit unterschiedlicher Oberfläche einsortiert werden.
- Nützlich sind noch eine Kiste mit elektrischen Zahn- und Massagebürsten, unterschiedlichsten **Bürsten**, Topfreinigern, Waschlappen, Federn, Fellchen, Schwämmen, Haarbürsten, Sandsäckchen, Wäscheklammern und eventuell einem Schuhbürstautomaten zum Stimulieren der verschiedensten Hautpartien.

3. Lernspiele:

- Mit den **Fingerfarben**, Rasierschaum etc. können einzelne Körperteile verschiedenfarbig **angemalt** werden, verschiedene Formen aufgemalt und nachgemalt werden oder bestimmte Muster auf den gesamten Körper gezeichnet werden. Auch kann das auf den Rücken Aufgemalte erkannt und dem nächsten Kind auf den Rücken aufgemalt werden.

Bei dem Abduschen der Fingerfarben müssen die Kinder sich meist gegenseitig behilflich sein.

- Die **Rutsche** kann liegend, sitzend, kniend oder auch stehend hinabgerutscht werden, alleine, oder zu mehreren gleichzeitig, meist hintereinander. Die Kinder können auch versuchen, die glitschige Schräge von unten nach oben zu gelangen.
- In den **Materialräumen** und Zelten können sich die Kinder eingraben, zudecken und nur einzelne Körperteile freilassen oder **bedecken**.
- Der **Parcours** kann mit den Füßen durchwandert werden; im Krabbeln können auch die Hände und Knie das unterschiedliche Material befühlen. Mit zugebundenen Augen oder mit einer übergezogenen Tarnkappe (Kissenbezug mit einer dickeren undurchsichtigeren und einer dünneren durchsichtigeren Seite) wird die Konzentration auf Wahrnehmen über die Haut noch verstärkt.
- Der **Kuschelraum** ist zum Ausruhen, die Höhle zum Rückzug geeignet. Unter Anleitung können die Kinder sich selber oder Andere massieren, oder sie lassen sich von einem Erwachsenen einreiben.
- Mit **Fön** und Gebläse können sich die Kinder den verschieden temperierten und dosierten Stimulationen durch die Luft aussetzen.
- Die **Raumteiler**, Vorhänge und der Kriechtunnel aus Stoff **berühren** die Haut auf unterschiedlichste Art, immer wenn Kinder vorbeigehen oder den Raum wechseln wollen.
- Im **Dunkelzimmer** wird das **Erkennen** verschiedenster Formen geübt genauso wie das Zuordnen gleicher Formen, gleichen Materials und gleicher Oberflächen.
- Die Kiste mit den **Bürsten** und ähnlichen Stimulatoren können die Kinder alleine/gegenseitig benutzen, oder der Erwachsene „behandelt" die Kinder (im Doktorspiel).

4. Bemerkungen:

- Die taktile Wahrnehmung über den gesamten Körper steht im Mittelpunkt dieses Projektes. Deshalb ist Badekleidung zu empfehlen.
- Das Material sollte verschiedenste Stimulationen ermöglichen. Das Kind kann somit lernen, mit Hilfe seiner Haut zu vergleichen, zu unterscheiden und zuzuordnen.

- Die Wahrnehmung über die Haut kann durch den Ausschluß anderer Sinnesorgane bestärkt werden, vor allem durch schrittweisen Abbau der dominierenden Augenkontrolle.
- Bei empfindlicher Haut (hypersensibel) empfiehlt sich die langsame Stimulation zuerst mit härteren, schwereren und klarer strukturierteren Materialien. Feine, leichte Reizsetzung (mit einer Feder vorsichtig bestrichen werden) weckt den evtl. noch vorhandenen Schutz- und Fluchtreflex der Haut und ist unannehmbarer. Komplexere Strukturen verwirren schneller.
- Über die Wahrnehmung bestimmter Körperteile und -regionen wird das Körperbild ausgebildet und verbessert.
- Über die Konzentration auf die Haut, aber auch durch das Berühren und Berührtwerden kann der Körper lernen, sich zu entspannen. Genauso können seelische Empfindungen wie Geborgenheit und Sicherheit ausgelöst werden. Dies bedarf eines einfühlsamen und behutsamen Vorgehens von Seiten der Erwachsenen.
- Der Naßbereich, besonders auch die Schmierseifenrutsche ermöglicht ein motorisches Ausagieren, notwendig als Ausgleich zu den ruhigeren und konzentrativeren Räumen.

  Die Rutsche fördert das Gleichgewichtsorgan und den Angstabbau, das Zielen mit den Wasserbomben die Visumotorik.
- Die Kinder, die vom Naß- in den Trockenbereich wechseln, sollten sich abtrocknen, damit das angebotene Material dort trocken und unbeschädigt bleibt.
- Im Trockenbereich sollten die einzelnen Materialien nicht vermischt werden. Bei der Vielzahl von Materialangebot ist eine klare Trennung und Struktur notwendig, um eine Reizüberflutung zu vermeiden.
- Als Räume bieten sich Umkleideräume im Turnhallen- oder Schwimmbadbereich an.
- Es können auch die Wände miteinbezogen und für ein Abtasten mit Rücken, Bauch, Nase oder Armen gestaltet werden.

Aufbau eines Taktilzirkus:

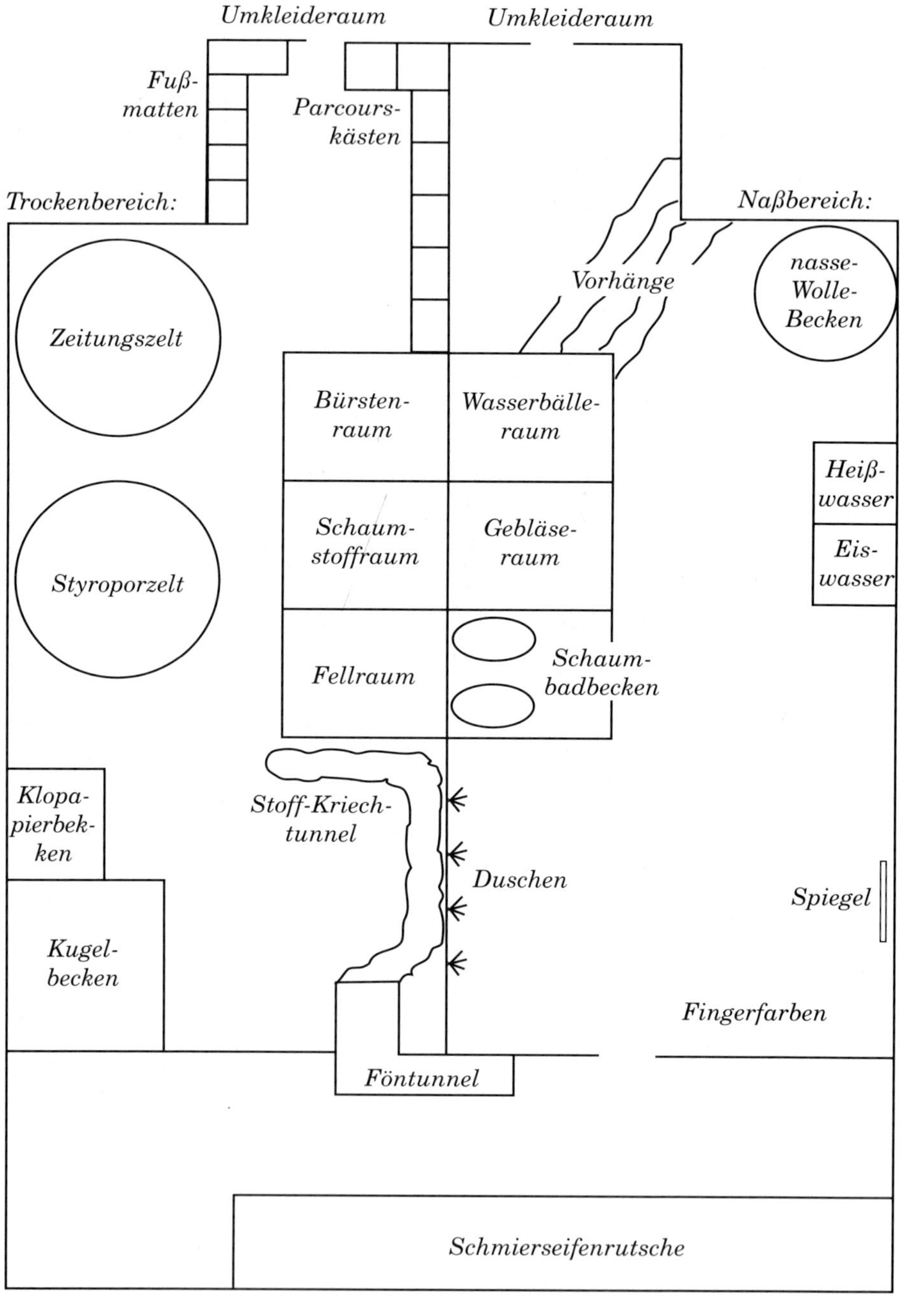

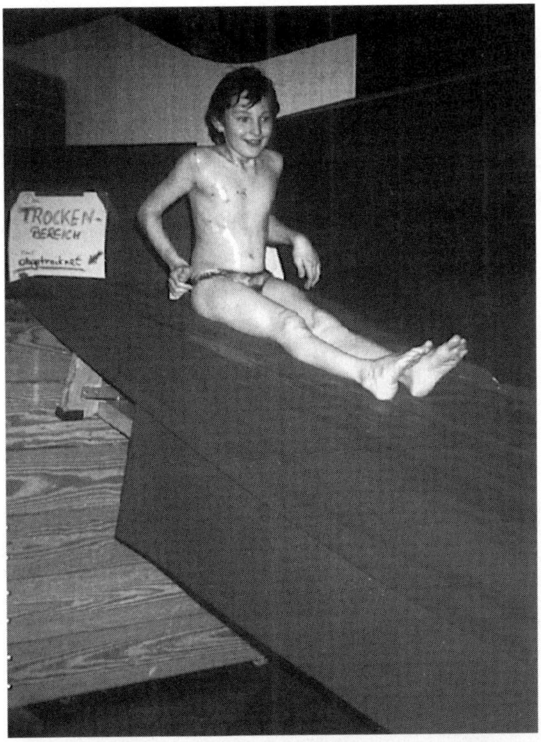
TROCKEN-
BEREICH

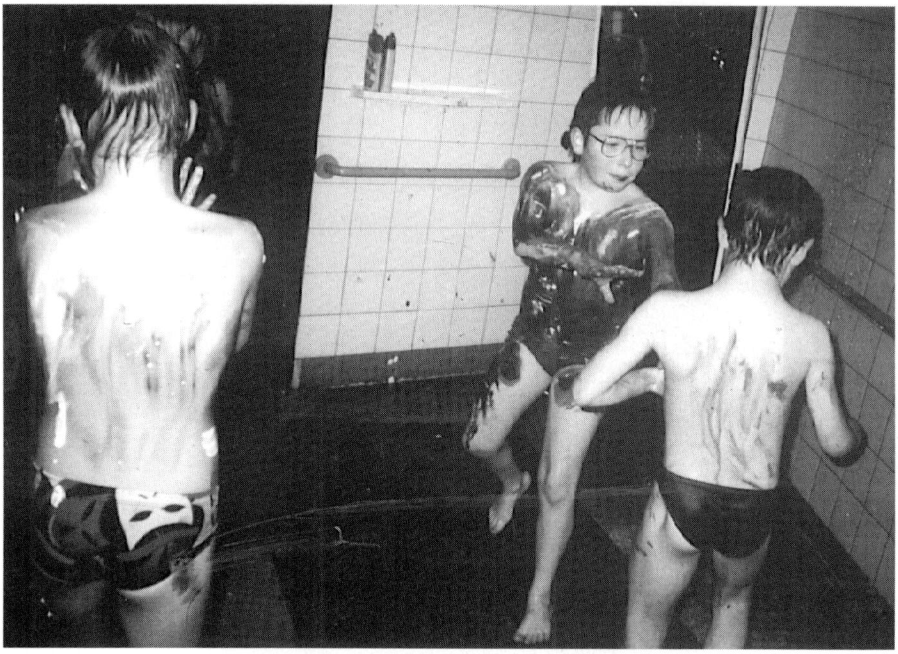

Spiegelkabinett

Förderschwerpunkt:
Körperbild
räumliche Orientierung

1. Material:

- viele verschiedene Spiegel, auch in Stehständern (klein, groß, Form vergrößernde, verkleinernde, verzerrende, konkave, konvexe), Mosaikspiegel (aus verschieden großen und kleinen Teilchen) Spiegel mit größeren „blinden“ Stellen, extrem dünne Spiegelstreifen
- verschiedene Beleuchtung: Strahler, Blinklichter, Spots, Lichtorgel Reflektoren, Schwarzlicht, Taschenlampen, drehbare Discokugel, farbige Glühbirnen

2. Aufbau:

- Die Spiegel werden möglichst nahtlos an Wänden, Zwischenwänden, schräg in Ecken und Winkeln, an der Decke und niedrigeren Zwischendecken anmontiert, auch an hohen, langen Tischen als Krabbeltunnel oder Höhle, so daß möglichst verwinkelt viele zusammenhängende Gänge und Abzweigungen entstehen.
- An bestimmten (leicht oder schwerer zu findenden) Stellen sind die verschiedenen Schalter für die einzelnen Lampen etc. angebracht.
- Der Raum ist meist im Dunkeln.

3. Lernspiele:	**Ziele:**
– Die Kinder **betrachten** sich in den Spiegeln.	Körperbild
– Die Kinder strahlen einzelne Körperteile an und **betrachten** diese.	
– Die Kinder **finden** verschiedene Wege/Gänge ohne an den Spiegeln/ Wänden anzustoßen.	Behutsamkeit Körpergrenzen
– Die Kinder **suchen** die verschiedenen Lichtschalter und die verschiedenen Lichtquellen.	visuelle Wahrnehmung

Lernspiele:	**Ziele:**
– Die Kinder **schleichen** sich im **Halbdunkel** an (z.B. an lauschenden Schatzwärter).	Orientierung/Behutsamkeit akustische Wahrnehmung
– Die Kinder **finden** im **Dunkeln** mit Taschenlampe die verschiedenen Gänge und Zimmerchen.	visuelle Wahrnehmung Orientierung
– Die Kinder **suchen** im **Dunkeln** mit Taschenlampe versteckte Schätze.	
– Die Kinder **zählen**, wieviele Lichter sie sehen können, wenn im **Dunkeln** nur eine Taschenlampe leuchtet.	visuelle Wahrnehmung
– Wie oft kann ich mich sehen, ohne mich zu bewegen?	visuelle Wahrnehmung
– Wen sehe ich alles, ohne mich zu bewegen?	
– An welcher Stelle kann ich am meisten sehen?	Orientierung
– In welchen Spiegeln bin ich größer, kleiner dicker, dünner, unvollständig, häßlich und schön?	Körperbild
– Welche Grimassen und komischen Haltungen kann ich einnehmen, oder nachmachen.	kinästhetische mit visueller Kontrolle

4. Bemerkungen:

- Dieser Raum ist nicht zum Toben und Herumrennen geeignet. Deshalb sollte entweder vor dem Benutzen des Spiegelkabinetts die Möglichkeit zum Austoben z.B. mit einem Fangspiel gegeben werden oder es wird parallel zum Spiegelkabinett ein anderer Raum zum Ausagieren oder für grobmotorische Bewegung angeboten (z.B. Schlauchzimmer, Trampolin, Schaukeln).
- Wenn in diesem Raum die Kinder ständig zur Ordnung und Ruhe ermahnt werden müssen, bzw. wenn sie bald das Interesse daran verlieren, dann ist entweder der Raum nicht attraktiv genug gestaltet, er überfordert den Entwicklungsstand der Kinder, oder er ent-

spricht im Moment nicht ihren Bedürfnissen. Deshalb sollte auch kein Kind überredet werden, diesen Raum zu benutzen.

- Die Spiegel helfen dem Kind, die visuelle Wahrnehmung und die Auseinandersetzung mit seinem Körperbild zu fördern. Es bekommt Spaß, sich in verschiedenen Stellungen, Posen und Grimassen zu betrachten. Es kann andere Kinder nachahmen und schult dadurch auch kinästhetische Wahrnehmung.
- Der Raum ist gut kombinierbar mit dem Verkleidungszimmer. Auch sind geschminkte Gesichter, mit Fingerfarbe angemalte oder geschmückte und hervorgehobene Körperteile gut im Spiegelkabinett zu betrachten.

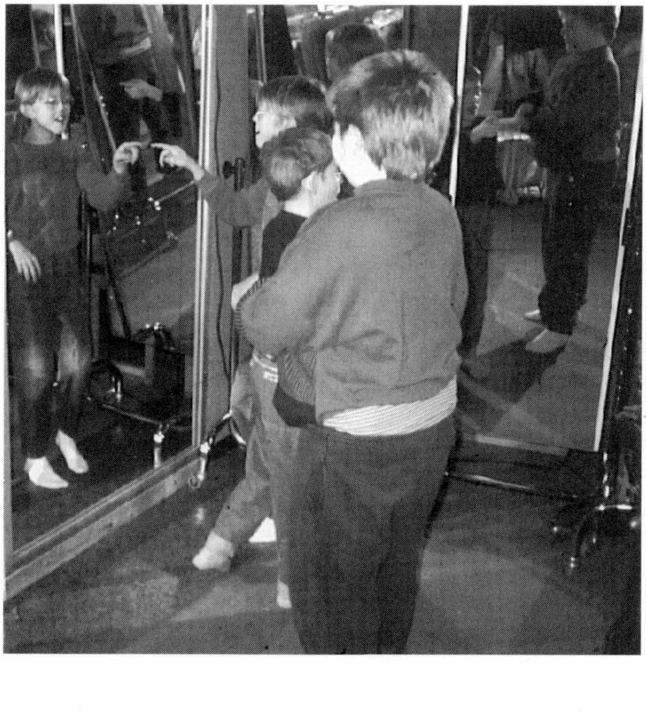

Verkleidungszimmer

Förderschwerpunkt:
Körperbewußtsein
Feinmotorik
taktil-kinästh. Wahrnehmung

1. Material:

- Kleider, Hemden, Hosen, Röcke, Mäntel mit Knöpfen, Schleifen, Reißverschlüssen, Gürtelschnallen, Knoten, Windeln
- Hüte, Turban, Schleier, Motorradhelm, Perücken
- Masken für Gesicht oder nur Augen, Augenklappen, Sonnenbrillen, Schwimm- und Taucherbrille, Brillengestelle, Fernglas, Monokel
- Handschuhe (feine, Plastik-, Woll-, Arbeits-, dicke) und Fäustlinge
- Strümpfe und Strumpfhosen aus Nylon, Wolle, Netz; auch zu lange
- Skianzug, Overall oder zusammengenähte Hemdhose
- Schuhe verschiedener Größen, Reiterstiefel, Bergschuhe, Skistiefel, Pantoffeln, Stöckelschuhe
- Schmuck, Uhren, Ohrclips, Ringe, Fächer, Haarband, Indianerfederschmuck, Schal, Seidentücher, Fotoapparat
- aussortierte Arm- und Beinschienen, Stützkorsett aus Behinderteneinrichtungen, auch Unterarmstützen und Stöcke
- Schminke und Spiegel
- verschieden große Puppen zum An- und Ausziehen mit möglichst vielen verschiedenen Verschlüssen
- Wäscheleine und Klammern zum Aufhängen

2. Aufbau:

- Die Kleider hängen an Kleiderhaken oder mit Wäscheklammern an den Wäscheleinen befestigt, sortiert nach Art oder Größe der Kleidung, nach Kleidungsteilen oder nach Schwierigkeitsgrad.
- Das andere Material wird sortiert und getrennt in verschiedenen Ecken des Raumes in offenen Kisten oder auf Regalbrettern angeboten.
- Auch eine Puppenecke ist separat vorhanden.

3. Lernspiele:	**Ziele:**
– Jedes Kind darf sich **anziehen** was es will, sich im Spiegel anschauen und wieder umziehen, Neues ausprobieren.	Feinmotorik Körperbild
– Jedes Kind **wählt** eine bestimmte **Rolle** und dementsprechende Kleidung aus, die dann während des Spiels anbehalten wird.	Rollenspiele
– Kostümshow, Modenshow, Faschingsumzug verlockt zum sich **Präsentieren** und auch längerem Bewegen in den ungewohnten Kleidern und Schuhen.	Körperschema
– Berufe- und Märchenfiguren-**Erraten** mit vorgegebenen oder selbsterwählten Figuren (z.B. mittels Wort- oder Bildkarten – bei Memorykarten können die gleichen Karten zur Auswahl bei den Zuschauern, die erraten müssen, liegen).	
– Kleidung **aufhängen** wird geübt im „**Waschsalon**"	Feinmotorik
– Puppen **An- und Ausziehen** im „Kinderkrankenhaus" oder als „Mama/Papa"	
– Die Kinder können sich auch **gegenseitig** verkleiden und an- oder ausziehen.	Entspannung
– Die Kleider werden **zusammengelegt** und **gestapelt** zu einem hohen Turm, genauso wie die Schuhe.	
– Die Kleider werden nach Größe, Farbe **geordnet**, genauso nach der Art (Hose, Rock ...).	visuelle Wahrnehmung Zuordnung
– Aus dem Material wird ein „**Männchen** gelegt" Körperbild	Körperbild

Lernspiele:	**Ziele:**
mit Hose, Hemd, Schuhen, Hut etc.	
– Nachdem alle Schuhe **vermischt** worden sind müssen die Paare heraus**gefunden** werden. Im Dunkeln ist dies noch schwerer.	visuelle Wahrnehmung taktile Wahrnehmung
– Im **Dunkeln** kann auch der große vermischte Kleiderhaufen nach Art der Kleider (Hose, Hemd, Kleid, Mantel o.ä.) **sortiert** werden.	taktile Wahrnehmung
– Die Kinder **schlüpfen** zu zweit in eine große und weite Hose/einen Mantel/einen Overall o.ä. und **gehen** durch den Raum/spielen **fangen**.	Kooperation Körperschema
– Die Kinder **vertauschen** Hemd und Hose, d.h. ziehen das Hemd unten und die Hose oben an.	
– Die Kinder **drehen** alle Kleider **links** herum, andere Kinder drehen sie wieder zurück. Variation: Jedes Kind/jede Kleingruppe dreht alle Wäsche aus seinem Wäschekorb wieder zurück.	visuelle Wahrnehmung
– Die Kinder **stopfen** einzelne Kleidungsstücke mit Papierknäuel/Schaumstoff/anderen Kleidern aus, **nähen/knöpfen** Hemd und Hose aneinander und **basteln** so eine Puppe.	Körperbild

4. Bemerkungen:

– Das Verkleidungszimmer hilft den Kindern, indem sie verschiedenste Verschlüsse öffnen und schließen, sich, andere Kinder oder Puppen anziehen und die Wäsche wieder mit Klammern aufhängen bzw.

zusammenlegen, spielerisch ihre feinmotorischen Fähigkeiten zu üben.

- Es könnten sogar häusliche Tätigkeiten wie Wäsche am Waschbrett waschen und rubbeln, in der Badewanne mit dem Stampfer unter Wasser drücken, mit dem hölzernen Greifarm herausholen, zu zweit die Wäsche auswringen bis hin zum Bügeln als spielerische, aber konzentrierte Übung verwendet werden. Dies alles verstärkt nicht nur das Wissen um früheren Umgang mit der Wäsche, sondern fördert als lebenspraktische Aufgaben das seriale Handlungsvermögen (Praxie), eine Aufgabe selbständig von Anfang bis Ende zu vollbringen. Nebenbei wird auch hier die Feinmotorik mit diesem vielfältigen Angebot ausgebildet.
- Das An- und Ausziehen, das Tragen verschiedenster Kleidung und das sich damit Bewegen stimuliert die taktile und kinästhetische Wahrnehmung.
- Dieses Erspüren des eigenen Körpers ist Grundlage für das Ausbilden eines ganzheitlichen Körperbildes. Es wird durch das Betrachten im Spiegel und das Nachahmen anderer Kinder stabilisiert.
- Je nach Entwicklungsstand kann an den verschieden großen Puppen oder an sich selber geübt werden.
- Das Verkleiden eignet sich sehr gut als Einstieg in Rollenspiele, um die Handlungsbereitschaft zu fördern oder psychisch-emotionale Probleme spielerisch zu lösen.

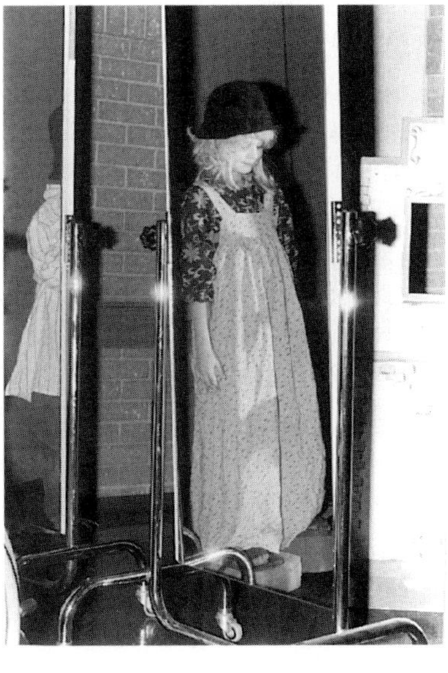

Zimmer der Nacht

Förderschwerpunkt:
akustische Wahrnehmung
visuelle Wahrnehmung
Körperbewußtsein

1. Material:

- Lichtquellen: Strahler mit unterschiedlichen Farben der Birnen, verschiedener Helligkeit und verschiedener Kegelgröße, Taschenlampen, Blinklichter, Reflektoren, Lichterketten (Christbaumschmuck), von innen beleuchtete Gegenstände, Diskostrahler und -kugel, selbstleuchtende Ketten, Bälle, Ringe, Sterne (vom Jahrmarkt), Ultraviolett-Licht.
- Geräuschquellen: elektrisch oder mechanisch auslösbare Klingeln, Rasseln, Hupen, Tonbänderaufzeichnungen von Geräuschen, Sirenen
- Schalter und andere Auslössysteme mit unterschiedlicher Form, Größe, Material, Oberflächenbeschaffenheit, zum Teil auch mit unterschiedlichem Material bedeckt, umhüllt und verkleidet.
- weiße Handschuhe, weiße Socken, weiße Strümpfe, weiße Hemden, weiße Hosen, weißer Schal, weiße Tücher, weiße Hüte zum Anziehen weiße oder reflektierende Folie, Ringe und Seile als Ziele.

2. Aufbau:

- im abgedunkelten Raum befinden sich in verschiedener Höhe angebrachte einzelne Schalter oder Schalterplatten, durch die mechanisch oder elektronisch die verschiedenen Licht- und Geräuschquellen ausgelöst werden können.
- Einzelne Licht und Geräuschquellen können auch miteinander kombiniert werden, d.h. durch das Erzeugen eines Geräusches wird gleichzeitig ein Licht angeschaltet, mit dem Anschalten eines Strahlers wird eine Geräuschquelle oder ein (Wurf-)Ziel angeleuchtet.
- Im abgedunkelten Raum können sich auch verschiedene ungefährliche Hindernisse, Klettermöglichkeiten und Kriechtunnel befinden (aus Matratzen, Schaumstoffwürfel, Matten).
- Einzelne Schalter können nur durch Klettern oder Überwinden von Hindernissen erreicht werden, oder es müssen selbständig aus Materialien Hilfstreppen konstruiert werden.

3. Lernspiele:	**Ziele:**
– Die Kinder haben an ihrer Kleidung Glöckchen befestigt und spielen **Verstecken** oder **Anschleichen**. Es können Hindernisse aufgebaut sein.	Behutsamkeit
– Die Kinder **bewegen** sich vorsichtig durch die Hindernisse. Sie halten eine Kerze (in Kokosschale...) dabei in der Hand.	Behutsamkeit
– Die Kinder **suchen** und **ertasten** die verschiedenen Schalter im abgedunkelten Raum und betätigen diese.	taktile Wahrnehmung
– Die Kinder **suchen** bestimmte einzelne Schalter und betätigen diese.	räumliche Orientierung
– Die versteckten Taschenlampen werden **gesucht** und mit ihnen versteckte Schätze gesucht.	visuelle Wahrnehmung
– Die Schätze können auch etwas fluoreszierend oder reflektierend sein (Rückstrahler vom Fahrrad).	taktile Wahrnehmung
– Nur Schätze einer bestimmten Form, Zahl, Buchstabe, Beschaffenheit sollen gesucht werden, auch ohne Taschenlampe, durch **Ertasten**.	taktile Wahrnehmung
– **Strahl-Fangspiel:** Ein Kind versucht mit seinem Taschenlampenstrahl andere Kinder zu erfassen und dadurch zu fangen. Das bestrahlte Kind wird selber Strahlenfänger oder kann von anderen Kindern wieder befreit werden.	kinästhetische Wahrnehmung
Variation: Ein Kind versucht mit seinem Taschenlampenstrahl einen Taschenlampen-	Visumotorik

Lernspiele:	**Ziele:**
strahl eines anderen Kindes zu **überdecken** und dadurch zu **fangen**. Die so gefangene Taschenlampe muß abgeschaltet werden und darf erst nach dem Befreien durch andere Kinder (z.B. durch Angestrahlt werden) wieder im Raum, an den Wänden, der Decke rumstrahlen, auf Wanderschaft gehen.	
– Die an der Wand/Zimmerdecke vorgemachten Taschenlampenstrahl-Zeichnungen und -Formen werden von dem Partner oder allen Kindern **nachgezeichnet**.	Feinmotorik akustische Wahrnehmung
– Die Taschenlampen aller Kinder beleuchten sofort diejenige **Geräuschquelle**, die ein Kind im **Dunkeln** angeschaltet hat.	
– **Taschenlampen fangen:** Im abgedunkelten Raum besitzen alle Kinder Taschenlampen. Der Fänger ohne Taschenlampe versucht, indem er ein Kind berührt und fängt, wieder in den Besitz einer Lampe zu gelangen.	Ausagieren Behutsamkeit Entspannung
– Im abgedunkelten Raum mit/ohne Hindernisse kann auch gut ein **Versteck-Fangspiel** gespielt werden mit einem Fänger, der die – versteckten Kinder versucht zu finden –, zu berühren und zu erkennen. Nennt er den falschen Namen des gefangenen Kindes, muß er es wieder laufen lassen. Die Verstecke dürfen auch leise verlassen und sich schleichend ein	taktile Wahrnehmung

Lernspiele:	**Ziele:**
neues Versteck gesucht werden. Wird ein Kind berührt und erkannt, wird es zum Fänger.	räumliche Orientierung
– Im kurz beleuchteten Raum **merken** sich die Kinder bestimmte Schalter und Gegenstände, die sie im Dunkeln wieder **finden** und erkennen wollen.	KonzentrationKonzentration
– Im kurz beleuchteten Raum **merken** sich die Kinder bestimmte Gegenstände, deren Lage im Dunkeln etwas **verändert** wird. Entweder im hellen oder im dunkeln Raum versuchen die Kinder, die Veränderungen herauszufinden.	Konzentration
– Im kurz beleuchteten Raum **merken** sich die Kinder bestimmte Gegenstände und ihre Lage. Im Dunkeln versuchen die Kinder alle Gegenstände und ihre Lage **aufzuzählen**.	Konzentration
Variation: Im Dunkeln **ertasten** die Kinder alle Gegenstände und **merken** sich ihre Lage.	taktile Wahrnehmung
– Im **Ultraviolett** beleuchteten Raum ziehen die Kinder einzelne **weiße** Kleidungsgegenstände an: alle nur Handschuhe oder Strümpfe oder jeder ein anderes Kleidungsstück, oder jeder nur am linken Fuß, an der linken Hand, und sie bewegen	Körperbild
sich so durch den Raum, **tanzen** und bewegen ihren weiß bekleideten Körperteil nach Musik, nehmen mit ihrem weiß bekleideten Körperteil Kontakt	Körperbewußtsein

Lernspiele:	**Ziele:**
dem Körperteil anderer weiß bekleideten Kinder auf, begrüßen sich, **berühren** sich, tanzen miteinander, erfinden kleine Geschichten, alleine als weiße Hose oder in der Begegnung mit anderen Körperteilen anderer Kinder und veranstalten so kleine **Aufführungen**.	Kreaktivität
– Im abgedunkelten Raum rollen die Kinder **fluoreszierende**, kleine **Bälle** (in Jonglierläden erhältlich) im Kreis der Kinder herum, von einem Kind zum anderen, bzw. auch mit/ohne Namenszuruf quer durch den Kreis, nur einen Ball oder mehrere.	Figur-Grund-Wahrnehmung
Variation: **Katz-Maus-Spiel:** Im Kreis werden ein oder zwei kleine Bälle zum Nachbarkind oder quer zugerollt. Der größere Ball (Katze) darf nur zum Nachbarkind zugerollt werden. Die Katze hat einen kleineren Mäuseball erwischt, wenn Katz und Maus gleichzeitig bei einem Kind sind.	Geschicklichkeit Reaktionsvermögen
– Im abgedunkelten Raum rollen oder **werfen** die Kinder die fluoreszierenden Bälle in fluoreszierende oder beleuchtete Zielringe, - scheiben, -säcke, -büchsen, -büchsentürme etc.	Visumotorik
Ähnlich kann so **Kegeln** oder eine Art Boccia gespielt werden. („Wer kommt dem Zielring, -feld, -ball am nächsten?“).	

Lernspiele:	**Ziele:**
– **Faules-Ei-Fangspiel:** Im dunklen Raum versucht der Fänger, den fluoreszierenden Ball weiterzugeben, indem er andere Kinder damit berührt, ihnen zusteckt oder in ihre Tasche steckt.	Ausagieren

4. Bemerkungen:

– Im abgedunkelten Raum besteht die Möglichkeit, die visuelle Wahrnehmung zu hemmen oder sogar gänzlich auszuschalten.

Dadurch werden die anderen Wahrnehmungssysteme in den Vordergrund gerückt. So können einzelne Wahrnehmungsbereiche speziell gefördert werden, die ansonsten von der dominierenden visuellen Wahrnehmung überdeckt werden und dadurch oftmals vernachlässigt sind. Besonders werden so die akustische Wahrnehmung durch einzelne Geräuschquellen, die taktile Wahrnehmung durch das berührende Suchen und Ertasten und die kinästhetische Wahrnehmung durch das Bewegen ohne Augenkontrolle stimuliert.

Aber auch die visuelle Wahrnehmung kann durch einzelne Lichtquellen gezielt angesprochen werden. Die Augen lernen dadurch zu Fixieren und bewegten Lichtquellen zu folgen. Schließlich wird das Wahrnehmen des eigenen Körpers und Bewußtmachen beim Schwarzlicht-Theater geübt.

– Die Reizarmut des abgedunkelten Raumes hilft den Kindern, sich zu beruhigen und zu konzentrieren, vorsichtiger und behutsamer sich zu bewegen und Ängstlichkeit abzubauen.

– Die Anpassung und Gewöhnung an völlige Dunkelheit setzt ein behutsames Reduzieren der Helligkeit voraus. So können anfangs Lernspiele mit freiwillig geschlossenen Augen oder nur halb zugezogenen Vorhängen oder Jalousien, später mit Augenbinde oder kleinem Kopfkissenbezug (Tarnkappe) über den Kopf gezogen oder unter schwacher Lichtquelle durchgeführt werden.

Nie sollte ein ängstliches Kind gezwungen werden, sich in Dunkelheit aufzuhalten.

– Manchmal erweist es sich als notwendig, vor dem Benutzen des dunklen Zimmers ein Spiel zum Austoben außerhalb des Zimmers bzw. parallel eine Möglichkeit des Austobens und „Dampfablassens“ (z.B. Schaukeln, Hüpfen, Springen) im Hellen anzubieten.

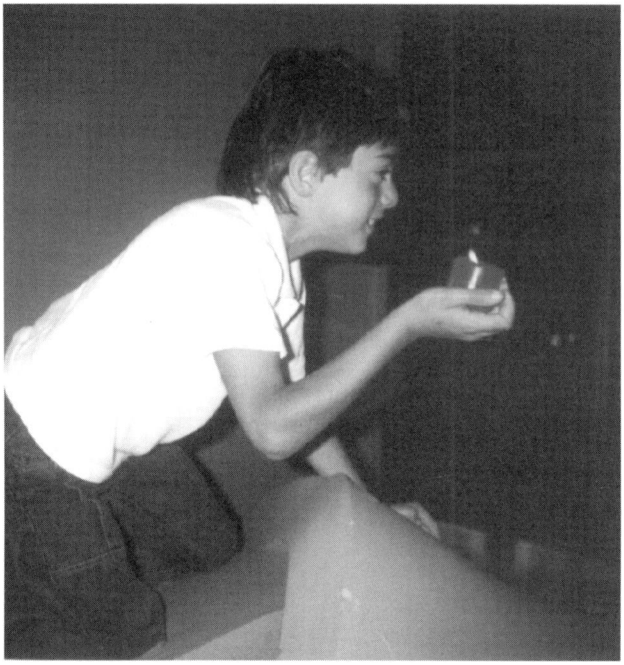

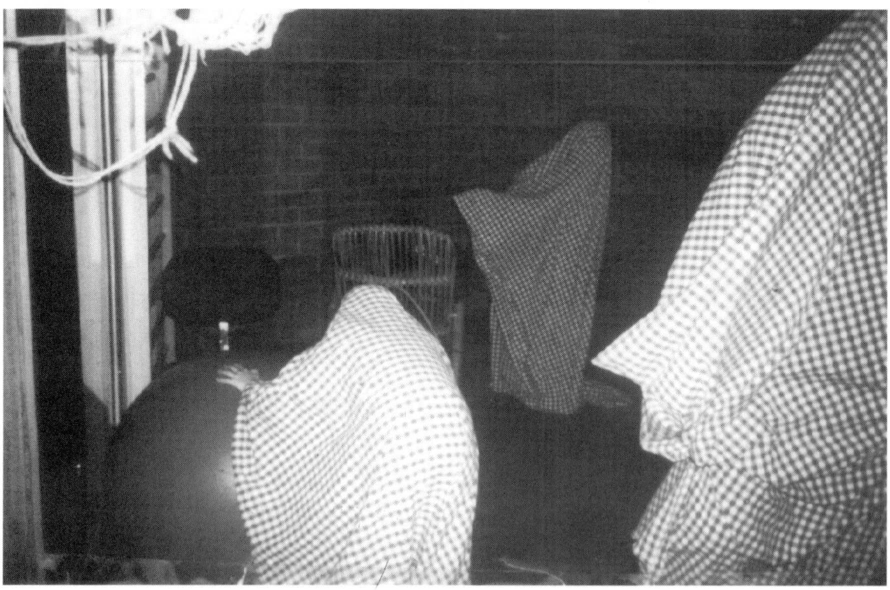

Musikzimmer

Förderschwerpunkt:
auditive Wahrnehmung
feinmotorische Koordination
Rhythmus

1. Material:

- herkömmliche Rhythmus- und Schlaginstrumente: Pauken, Rasseln, Trommeln, Klangholz, Bonos, Kongas, Tambourin ...
- Orff-Instrumente
- verschiedene Blasinstrumente vom Jahrmarkt: Pfeifen, Trompeten Hörner, Flöten …
- selbstgebastelte Instrumente bzw. zweckentfremdetes Alltagsmaterial: Rasseln aus Joghurtbechern, gefüllt mit Steinchen oder Erbsen verschieden dicke Holzstücke, die mit Holz- bzw. Metallschlegeln geschlagen werden, wassergefüllte Flaschen werden mit einem Löffel geschlagen, mit Tennisbällen gefüllte Blechdosen werden geschüttelt, Trommeln aus Waschmitteltonnen, großen Plastiktonnen, Plastikeimer, Blechdosen, Plastikbälle, Töpfe evtl. mit Tuch, Fell, dikker Plastik bespannt. Aufgehängte Topfdeckel, Schöpfkellen, Blechstreifen, Drainageröhren und Waschbrett zum Reiben mit einem Holzstück.
- Geräusch-Erzeuger, die indirekt mittels Bewegung ausgelöst werden: Schleuderhörner, weitere Instrumente s.u.
- verschiedene Schlagwerkzeuge: Holz/Metallstäbe unterschiedlicher Länge, Kegel, Fliegenpatsche, Krücken, Besen ...

2. Aufbau:

- Alle Instrumente liegen in einer Ecke aufgeräumt. Jedes Kind darf verschiedene Geräusche ausprobieren und dann mit der Gruppe einen Geräusch-Parcours aufbauen.
- Der Parcours ist schon aufgebaut. Die einzelnen Stationen sind klar voneinander getrennt. Die Kinder benutzen ihn frei oder unter vorgegebenen Aufgabenstellungen.

3. Lernspiele:	**Ziele:**
– Am Körper befestigte **Glöckchen** ertönen beim Tanzen.	Ausagieren
– Am Tau aufgehängte **Rasseln, Glocken, Wellbleche werden geschwungen**.	Grobmotorik
– **Holzpeitsche:** Ein längliches Stück Holz (ca. 50 x 3 x 3 cm) wird längs 3 – 4 x aufgeschnitten bis auf ein (5 cm-)Endstück. An diesem festen Ende gehalten kann es durch die Luft **gepeitscht** werden.	Koordination
– **Luftpumpen-Schuhe:** An zwei Fuß-Luftpumpen sind Riemen befestigt, so daß das Kind mit seinen Schuhen hineinschlüpfen und damit gehen kann: Am den jeweiligen Schlauchenden sind zwei unterschiedliche Pfeifen angebracht, so daß bei jedem Schritt ein Ton erzeugt wird.	Gleichgewicht
– Geräuschmaterial wird an das **Minitramp** gebunden und ertönt beim Springen.	vestibuläre Stimulation
– Die Kinder **klettern** (Leitern, Sprossenwand, etc.) hoch und ziehen die **Spieluhr** auf.	Grobmotorik visuelle Wahrnehmung
– Die Kinder lassen verschiedene **Wecker** rasseln.	Feinmotorik
Variation: Die Wecker sind **versteckt**. Die Kinder **suchen** die Wecker zum Betätigen.	visuelle Wahrnehmung
Variation: Die Wecker sind **versteckt** und ertönen kurz hintereinander, so daß die Kinder sie **suchen** und ausschalten können.	akustische Wahrnehmung
– **Wellblech, gewelltes Plexiglas** wird durch die Luft geschlagen.	Grobmotorik

Lernspiele:	**Ziele:**
– Ein **Windrad**, das elektrisch eine Sirene in Gang setzen kann, wird mit dem **Fön** oder **Pusten** bewegt.	Zielgenauigkeit
– Ein **hochspringendes** Kind erreicht mit einem Schlegel/Stock das von der Decke herunterhängende **Klangspiel/Klangstäbe.**	Grobmotorik Visumotorik
– **Windspiel:** an einer Holzscheibe befestigte Stahl-, Blech- oder Metallröhren unterschiedlicher Länge werden durch **Fön, Gebläse** und **Pusten** bewegt, somit an die in der Mitte hängenden zweiten Holzscheibe gestoßen und erzeugen dadurch verschiedene Klänge.	Zielgenauigkeit
Variante: Das Windspiel ist so hoch aufgehängt, daß es nur im Sprung, vom Minitramp oder Trampolin aus, von einem Klettergerüst aus oder mit unterschiedlich langen Stäben oder Holzschlegeln geschlagen an einer Schnur gezogen oder bewegt werden kann.	
– Die Kinder zielen und **werfen** mit Tennisbällen etc. an Wellbleche, Klangröhren, Windspiele.	Visumotorik
– Die Kinder **reiben** mit einem Holz-, Plastik-, Metallstück am Waschbrett, Drainagerohr, Schleuderhorn.	
– Die Kinder **schlagen** die **Peitsche**, das aufgeschnittene, lange Holzstück durch die Luft (Sicherheitsabstände).	Koordination

Lernspiele:	**Ziele:**
– Die Kinder **bewegen** verschiedenes Material schnell hin und her, so daß Geräusche erzeugt werden (Wellblech, Rasseln, Kreppapier, Glöckchen ...).	
– Die Kinder **schlagen** mit **Schlegeln** verschiedenster Art, Material und Länge auf die Trommeln, Topfdeckel, aufgehängten Blechstücke, Glocken.	Feinmotorik
– Die Kinder **erzeugen** Geräusche, indem sie verschiedenstes Material benutzen: aufgeblasene Luftballons reiben bzw. langsam die Luft durch den gedehnten Ballonhals herauslassen, Zeitungspapier oder Seidenpapier zerknüllen, durch die Luft bewegen oder zerreißen.	Feinmotorik
– Die Kinder **drehen** an Rädern (z.B. beim umgedrehten Rollbrett).	Feinmotorik
– Die Kinder **drehen** an Fahrradreifen, die an Plastikstreifen schleifen.	
– Die Kinder versuchen die verschiedenen Geräusche im gemeinsamen **Rhythmus** zu erzeugen.	Rhythmus
Variation: Ein Kind gibt den Rhythmus vor, die anderen Kinder versuchen ihn **mitzumachen**.	
Variation: Der Rhythmus wird im Kreis „**weitergegeben**", oder auch zwei Rhythmen als Frage und Antwort zwischen zwei Kindern/Gruppen.	
– Die Kinder versuchen mit den verschiedenen Geräuschen klei-	

Lernspiele:	**Ziele:**
ne Geschichten zu **erzählen**, zu improvisieren, indem sie alleine alle Geräusche erzeugen, und die anderen Kinder den Inhalt erraten müssen.	Kreativität
Variation: Die Kinder einer Kleingruppe improvisieren gemeinsam die kleine **Geschichte**.	Kooperation
Variation: Ein Kind erfindet eine Geschichte und dirigiert das Orchester.	
– Ein Kind gibt als **Dirigent** die Einsätze der verschiedenen Geräusche, der Lautstärken, Pausen und Tempi, über bestimmte Signale (Handbewegungen, Körperhaltungen, Bewegungen im Raum, Hinlaufen zu den verschiedenen Geräuschorten ...), z.B. kann langsames Krabbeln langsame und tiefe Geräusche, auf Zehenspitzen schnell und behutsam Trippeln hohe und leise Geräusche, breitflächig Stehen oder Liegen einen langen hohen bzw. tiefen Ton bedeuten.	Körperschema
Variation: Umgekehrt kann eine „Orchester"-gruppe oder ein Solist an den Instrumenten die Kinder zum **Bewegen anleiten**, zum Rennen, Hüpfen, Schleichen, Stehen, Liegen, Pausen einhalten.	
– Jedes Kind sucht sich sein Instrument selber, erfindet eine bestimmte Geräusch- und Rhythmusfolge und setzt diese anschließend in eine Bewegungssequenz um. Dann darf	

Lernspiele:	**Ziele:**
das Kind eine neue **Geräuschfolge** am gleichen oder an einem anderen Instrument **erfinden**, die auch wieder sofort in **Bewegung umgesetzt** wird. Es entsteht ein ständiger Wechsel von Geräusch- und Bewegungsabfolgen.	
– Blinde Kuh: ein/mehrere Kind(er) versuchen mit geschlossenen Augen bestimmte **Geräuschquellen** zu **finden**, die entweder öfters oder nur einmal angeschlagen wurden.	akustische Wahrnehmung
Variation: mehrere Geräuschquellen werden gleichzeitig angeschlagen und müssen gefunden werden.	
Variation: jedem suchenden Kind wird eine bestimmte Geräuschquelle zugeordnet, so daß es aus den gleichzeitig ertönenden Geräuschen seine Eigene heraushören und finden muß.	
– Alle Kinder bewegen sich mit geschlossenen Augen (bzw. im abgedunkelten Raum), suchen Geräuschquellen, erzeugen Geräusche und wechseln zur nächsten Geräuschquelle.	taktile/akustische Wahrnehmung
Variation: **Versteck-Fangspiel:** Ein Fänger versucht im abgedunkelten Raum aufgrund der Geräusche die anderen Kinder zu finden und durch Berührung und Namennennung zu fangen.	Behutsamkeit
– Die Kinder versuchen ähnliche Töne und Geräusche zu **finden**	akustische Wahrnehmung

Lernspiele: **Ziele:**

und **zusammenpassende** gleichzeitig zu **erzeugen**.

Variation: Die Kinder versuchen Dreiklänge oder Melodien zu finden und hintereinander zu spielen.

Variation: Die Kinder **ordnen** die Geräusche in hohe, tiefe, mittlere ... Töne.

4. Bemerkungen:

- Das Musikzimmer reizt die Kinder hauptsächlich, verschiedenste Geräusche zu erzeugen. Dies wird anfänglich zu Lärm, lauten Geräuschen und wilden, großflächigeren Bewegungen führen. Um ein unbefriedigendes Durcheinander zu vermeiden, ist es deshalb wichtig, in den ersten Stunden den Raum klar und einfach strukturiert anzubieten, z.B. mit wenigen hauptsächlich großen Geräuschquellen, im Raum weitläufig verteilt, evtl. numeriert, fest verankert, nicht leicht zerstörbar.

  Kleineres, transportables Material in einer Ecke, deutlich abgegrenzt vom anderen Material.
- Es sind auch öfters kleinere spielerische Pausen anzubieten, falls die Kinder noch nicht selbstständig längere Zeit kreativ das Material nutzen können.
- Es ist absolut sicherzustellen, daß die Kinder mit leichter zerstörbarem Material behutsam und sinnentsprechend umgehen (z.B. dürfen Rasseln nicht zum Werfen benutzt werden).
- Falls die Möglichkeit besteht, ist es von Vorteil, mit den Kindern gemeinsam die verschiedenen Instrumente zu erfinden, herzustellen und den Raum einzurichten. Das weckt nicht nur das handwerkliche Geschick, Kreativität und seriale Handlungsfähigkeit, sondern auch im hohen Maße das Verantwortungsbewußtsein der Kinder.
- Das Musikzimmer bietet den Kindern die Möglichkeit, auditive Wahrnehmung zu schulen und mit Bewegung und Körperschema zu koordinieren. Dies fördert auch die feinmotorische Geschicklichkeit und Visuomotorik bei entsprechenden Materialangebot. Außerdem kann in diesem Raum Konzentration, Pausen einhalten und Entspannung geübt werden.

Anhang

Begriffserklärungen

Die verschiedenen Bereiche der Wahrnehmung, der Bewegung, der Kognition und der sozial-emotionalen Strukturen sind eng miteinander verknüpft. Sie bedingen, beeinflussen, unterstützen, kontrollieren sich gegenseitig und bauen in ihrer Entwicklung aufeinander auf.

Der Bereich der Wahrnehmung umfaßt nicht nur die Reizaufnahme durch die verschiedenen Sinnesorgane und Rezeptoren, wie Fühlen und Begreifen (Sensorik). Er beinhaltet auch die Verarbeitung dieser Sinnesreize (Integration), durch Aussortieren, Vergleichen, Wiedererkennen, Zuordnen, die durch Assoziation mit früheren Erfahrungen mögliche Interpretation, die Speicherung in die entsprechenden sensorischen Hirnzentren, die interne Reizsetzung durch Wunsch und Motivation bis hin zum Planen der entsprechenden Handlung, die als Reaktion in Bewegung umgewandelt werden soll, bzw. die Rückmeldung und Kontrolle über den Erfolg. „Wahrnehmung ist also eine subjektive, durch die Sinnesorgane gewonnene und im Gehirn verarbeitete Vorstellung von der Umwelt" (Bertelsmann Lexikothek, Gütersloh 1974). Wahrnehmung ist somit die Grundvoraussetzung für jegliche motorische und kognitive Entwicklung.
Wahrnehmungsstörungen sind nicht nur im Bereich der Sinnesorgane zu begreifen, sondern vor allem innerhalb der Verarbeitung. Zum Beispiel nimmt das Auge die Reize korrekt auf, aber die Störung der Raumlage-Wahrnehmung ist in den weiterleitenden, -verarbeitenden und -vergleichenden Nervenbahnen und -kernen zu suchen. Die Störungsursache kann aber auch in anderen, sich beeinflussenden, Wahrnehmungsbereichen liegen. Das Defizit die räumliche Lage zu erkennen, wird vielleicht von einem Defizit im taktil-kinästhetischen Bereich oder im Bereich der Orientierung am eigenen Körper verursacht.
Vestibuläre, taktile und kinästhetische Wahrnehmung bilden als körpernahe Wahrnehmungssysteme die Basis weiterer sensorischer und motorischer Fähigkeiten.

Das **Vestibularsystem** nimmt Reize über das Innenohr schon als Embryo mit Hilfe der Bogengänge und der Härchen auf.
Die Flüssigkeit in den Bogengängen reagiert auf die Kopfbewegungen, besonders bei Tempiveränderungen. Die Maculaorgane reagieren auf die Schwerkrafteinwirkung. Das Gleichgewichtsorgan bildet die Grundlage für Haltung, Bewegung, Körperschema, Anpassung an die Raum-

lage und die Positionssicherheit. Es hat Einfluß auf alle anderen Sinnessysteme. Es bestehen enge Verbindungen zum Kleinhirn, zur Formatio reticularis, zum vegetativen Nervensystem (z.B. Schwindelgefühl bei zu schnellen Bewegungen), zur Nackenmuskulatur (Kopfkontrolle) und zur Augenmuskulatur (Stellung des Kopfes im Raum).
Störung innerhalb der vestibulären Wahrnehmung bedeutet bei Unterempfindlichkeit fehlende Gefahreneinschätzung und meist erhöhten Bewegungsdrang bei Überempfindlichkeit dagegen Bewegungsängstlichkeit und Raumlageschwierigkeit.
Das **taktile System** nimmt über die Haut Schmerz, Temperatur, Druck und Differenzierung von Formen und Oberflächenbeschaffenheiten wahr. Es wird in Schutz- und Unterscheidungssystem unterteilt (nach Miske-Flemming). Das Berühren und Berührtwerden hilft bei allen Entwicklungsprozessen entscheidend mit. Außerdem ist die Bedeutung der Haut und der Berührung für den sozial-emotionalen Bereich, für Entspannung und Selbstbewußtsein als Grenze zur Umwelt nicht zu unterschätzen.
Störungen innerhalb der taktilen Wahrnehmung bedeutet bei erhöhtem Schutzsystem Körperbewußtseinsschwierigkeiten und taktiles Abwehrverhalten, bei Unterempfindlichkeit fehlende Reizselektion und bei Überempfindlichkeit leichte Ablenkbarkeit.
Das **kinästhetische System/Tiefensensibilität** oder **Bewegungs- und Lage-Sinn**) nimmt über Rezeptoren an der Muskulatur die Veränderung von Muskellänge und -spannung wahr und über Gelenksrezeptoren die Lage der einzelnen Gelenksanteile zueinander, d.h. auch die Richtung der Bewegung einzelner Körperteile. Diese Rezeptoren leiten ihre Signale direkt an die betreffenden Bewegungsorgane weiter, so daß nicht nur ein differenziertes Bewegungsempfinden, sondern auch ein inneres Körper-Lage-Bild vermittelt wird. Die gesamte Bewegungsplanung, -regulierung, -abschätzung, -steuerung und -kontrolle sowie Tonusaufbau und Kraftdosierung ist von einer intakten kinästhetischen Wahrnehmung abhängig.
Bei Störungen entstehen Koordinations- und Körperschemaschwierigkeiten, eine Abhängigkeit von der visuellen Bewegungskontrolle und evtl. Dyspraxie, d.h. Schwierigkeiten innerhalb von Handlungsplanung und -durchführungen.

Die **visuelle Wahrnehmung** beinhaltet die Aufnahme optischer Reize über die Augen, das Erkennen, das Unterscheiden und die Interpretation durch Assoziation mit früheren Erfahrungen. Sie ist in ihrer Entwicklung auf Erfahrungen aus anderen Bereichen der Wahrnehmung und Bewegung angewiesen. Sie lernt, die spiegelverkehrten und auf den Kopf stehenden Aufnahmen richtig zu interpretieren, Lücken

in Bewegungsfolgen zu schließen, Informationen über alle z.T. sich überkreuzenden Eingangskanäle zu verbinden, Entfernungen zu schätzen und bei Kopfbewegungen die Wahrnehmung der Umgebung ruhen zu lassen.
M. Frostig unterscheidet fünf Bereiche:
Visumotorik ist die Fähigkeit, das Sehen mit den Bewegungen des eigenen Körpers zu koordinieren z.B. Auge-Hand-Koordination, und über das Sehen die Bewegung zu kontrollieren.
Störung der Visumotorik bedeutet Bewegungsunsicherheit, Mangel an motorischer Geschicklichkeit, bzw. Schwierigkeiten in der Feinmotorik, bei der Handgeschicklichkeit und beim Schreiben.
In der **Figur-Grund-Wahrnehmung** werden alle übrigen Stimuli zugunsten des Hauptfigur-Stimulus vernachlässigt. Diese Hauptfigur wird herausgefiltert und betont. Es wird sich auf sie konzentriert.
Störungen bedeutet Konzentrationsmangel durch Reizüberflutung. Vieles Unwichtiges wird als Gleichwertiges angesehen. Dies kann auch zu Leseschwierigkeiten führen.
Die **Wahrnehmungskonstanz** nimmt bestimmte Eigenschaften eines Gegenstandes (Form, Lage) unverändert und unabhängig von Größe, Farbe, Struktur, Blickwinkel, Helligkeit etc. wahr. Störungen führen zu Schwierigkeiten beim Lesen oder beim Wiedererkennen der Zuordnen ähnlicher Gegenstände in leicht abgeänderter Form.
Die **Wahrnehmung der Raumlage** bedeutet die Wahrnehmung der Lage eines Gegenstandes in Bezug zum Wahrnehmenden und seinem Körper (vorne, hinten, oben, unten, rechts, links ...). Sie ist in ihrer Entwicklung im besonderen Maße auf die vestibulär-taktil-kinästhetische Wahrnehmung angewiesen. Bei Störungen ergeben sich spiegelverkehrtes Schreiben, Schwierigkeit im Körperschema und der Rechts-Links-Orientierung. Das Imitieren von Bewegungen fällt schwer und verbale Anweisungen können kaum nachvollzogen werden.
Die **Wahrnehmung räumlicher Beziehungen** befähigt die Lage von zwei oder mehreren Gegenständen in Bezug zu sich und zueinander wahrzunehmen, z.B. beim Perlen auffädeln, Entfernungen abschätzen oder Wegen nachgehen. Bei Störungen ergeben sich Gleichgewichts- und Orientierungsprobleme. Es ist schwierig, sich in fremder oder neuer Umgebung zurechtzufinden. Das führt zu Bewegungsängstlichkeit und Handlungsplanungsinkompetenz.

Das **auditive System** nimmt die akustischen Reize über die Ohrmuschel auf. Die durch die Schallwellen hervorgerufene Vibration des Trommelfells wird durch die Gehörknöchelchen weitergeleitet und auf die Flüssigkeit des Innenohrs übertragen. Es erfaßt bestimmte Lautkombinationen in ihrem Sinngehalt, verbindet es mit Assoziationen

und speichert reproduktionsfähig ab. Es bestehen enge Verbindungen zum Vestibularsystem im Innenohr. Das auditive System schafft die Voraussetzungen für Sprachentwicklung. Bei Störungen ergeben sich Schwierigkeiten im Sprachverständnis, in der Sprachentwicklung, im Gleichgewicht, bei akustischer Differenzierung oder Lärmempfindlichkeit.
Das **Riechsystem** ist ontogenetisch und phylogenetisch sehr alt und als Schutzsinn notwendig. Das Riechepithel der Nase unterscheidet die gasförmigen Duftstoffe. Direkte Verbindungen bestehen zum limbischen System (Teil des Endhirns), das eine wichtige Rolle bei Lernprozessen, Emotionen und Motivation spielt.
Das **Geschmackssystem** erkennt und differenziert mit Hilfe der Geschmacksknospen (Papillen) auf der Zunge genießbare Nahrungsmittel.

Als **Lateralität** oder **Dominanz** wird das Vorziehen oder der geschicktere Gebrauch eines von einem Paar von Strukturen (Augen, Ohren, Hände, Arme, Beine, Füße) bezeichnet. Die Dominanz einer Körperseite ist meist ab dem 6. Lebensjahr ausgeprägt.
Bei Störungen ergeben sich Schwierigkeiten in der Rechts-Links-Orientierung beim Körperschema und bei Handlungsplanung.

Das **Körperbewußtsein** ist das Fühlen des Körpers, das Umgehenkönnen mit seinem Körper und das Wissen über seinen Körper. Es ist wesentlich für eine normale, seelische und körperliche Entwicklung.
Frostig unterteilt in drei Bereiche:
Körperimage oder **Körperbild** ist die Summe aller auf den Körper bezogenen Empfindungen: Der Körper, wie er erlebt und gefühlt wird, abhängig von persönlicher Stimmung und Umweltreaktion. Er führt zum Eigenbild und zur Selbstdarstellung.
Körperschema bedeutet die Planung und Ausführung der durch die Umgebung verlangten Handlungen und Bewegungen. Der Körper kann sich automatisch der Umwelt anpassen. Er besitzt ein Bewegungs-Schema für die jeweilige Situation. Es beinhaltet das Überkreuzen der Körpermittellinie und das Koordinieren von bilateralen Bewegungen. Voraussetzung hierfür ist die intakte Korrespondenz zwischen beiden Gehirn-Hemisphären. **Körperbegriff** meint das faktische Wissen über den Körper und dessen Funktionen.
Die **Körpergrenzen**, bzw. die Umrisse des Körperbildes werden über Berührung erfahren. Dieses Wissen wird in der Bewegungsplanung eingesetzt, um z.B. nicht an Material anzustoßen.

Die **räumliche Orientierung** baut auf Bewegungsvorerfahrung und ein ausgebildetes Körperbewußtsein, d.h. der Orientierungsfähigkeit am eigenen Körper auf. Sie benötigt die visuelle Wahrnehmung der Lage im Raum, der räumlichen Beziehung einzelner markanter Punkte im Raum zueinander und das Wiedererkennen bekannter Strukturen durch das Gedächtnis. Dies bedeutet, daß die momentane Lage und der Standpunkt im Raum erkannt, definiert, zugeordnet und in Beziehung zu früheren Erfahrungen und Wahrnehmungen gesetzt werden kann.

Motorik (Bewegung) als Gegensatz zum Stillstand ist Voraussetzung, um zu leben, um Leben zu erhalten und Leben zu genießen. Die Motorik ist notwendig, um sich gegen die Schwerkrafteinwirkung aufzurichten, -stehen, um auf Reize reagieren und um Gefühle ausdrücken zu können. Andererseits gibt es kaum Wahrnehmung und Gefühle ohne Bewegungskomponente.
Die **Stützmotorik** hat die Aufgabe, über Halte- und Stellreflexe, das Gleichgewicht des Körpers und seine Stellung im Raum zu kontrollieren. Sie wird hauptsächlich vom vestibulären und kinästhetischen System und vom Kleinhirn gesteuert. Aber auch alle anderen Wahrnehmungssysteme haben einen gewissen Einfluß.
Die **Zielmotorik** ist für die Ausführung zielgerichteter Bewegung zuständig. Nachdem aufgrund bestimmter Wahrnehmung ein Bewegungsentwurf erstellt wurde, werden vom Kleinhirn bei schnellen Bewegungen und von den Basalganglien bei langsamen und gleichförmigen Bewegungen entsprechende Bewegungsprogramme abgerufen, über die motosensorischen Hirnrindenfelder in der Ausführung gesteuert, durch die Pyramidenbahn oder über die extrapyramidalen Bahnen zur ausführenden Skelettmuskulatur geschickt.
Tonusaufbau ist die stete unwillkürliche Anspannung bestimmter Streckmuskulatur, um sich unter der ständigen Schwerkrafteinwirkung aufrecht bewegen oder stehen zu können. Diese notwendige, ausgewogene Anspannungsebene asynchroner Einzelzuckungen vieler Muskelfasern mit niedrigen Frequenzen wird als Grundtonus bezeichnet. Spastische Muskulatur besitzt zuviel, schlaffe zuwenig Tonus.
Stabilisation meint die ausgewogene Anspannung des Körpers in seiner momentanen Position (Stehen, Sitzen ...), die erst aus dieser stabilen Lage heraus feinere und behutsamere Bewegung ohne Mitbewegung anderer Körperteile ermöglicht.

Koordination ist die Fähigkeit, das Zusammenspiel verschiedener Muskelaktivität bzw. Bewegungsmuster oder Bewegungsabläufe beider Gehirnhemisphären und verschiedener Wahrnehmungseindrücke zu steuern. Koordination ist auch in allen biochemischen und neurologischen Prozessen zu beobachten.

Grobmotorische Koordination betrifft die Steuerung der großflächigen, raumergreifenden und basalen Bewegungen (Rennen, Springen, Gehen ...). Sie ist Voraussetzung für die Ausbildung feinerer Bewegungen.
Feinmotorische Koordination betrifft die Steuerung der kleinflächigen, auf einzelne Körperteile beschränkten, ausdifferenzierten und höher entwickelten Bewegung. Voraussetzung für eine gute Feinmotorik ist die Geübtheit der Grobmotorik und die Fähigkeit, den übrigen Körper stabilisieren und von Mitbewegung hemmen zu können. Meist wird unter Feinmotorik Handgeschicklichkeit, Mimik und Mundmotorik verstanden.
Geschicklichkeit ist die vollständige Beherrschung der feinmotorisch koordinierten Bewegungsabläufe – auch des Gesamtkörpers – unter optimaler Auswertung der verschiedenen Wahrnehmungsstimulationen und -kontrollen.
Behutsamkeit ist die ruhige wohlkoordinierte Bewegung unter erhöhter Aufmerksamkeit und Beachtung der verschiedenen Wahrnehmungsbereiche.

Das **Gleichgewicht** wird durch die Stützmotorik gehalten, um dem Fallen durch die Schwerkraft entgegenzuwirken.
Das **statische Gleichgewicht** wird bei verminderter, langsamer oder minimierter Bewegung verlangt; dagegen das **dynamische Gleichgewicht** bei großräumiger und schnellerer Bewegung.
Kraftdosierung funktioniert mittels kinästhetischer Auswahl einzelner Muskelgruppen und -anteile, die für die gewünschte Bewegung und Kraftintensität aktiviert werden, bzw. die ein Zuviel an Bewegungsausmaß wiederum hemmen.
Reaktionsvermögen ist die Leistung, möglichst schnell auf bestimmte Wahrnehmungsstimulation hin die Reize zu verarbeiten und die entsprechend erforderliche Antwort in Bewegung umzusetzen.

Praxie bedeutet Handlungsfähigkeit, das heißt die Fähigkeit, seriale (aufeinander folgende oder aufbauende) Leistungen als Bewegung sinnvoll entwerfen, planen bzw. durchführen zu können. Für die Entwicklung der Praxie dienen im hohen Maße reichhaltige Erfahrungen im sensorischen und motorischen Bereich, speziell durch kinästhetische Stimulation und Reaktion, aber auch der Freiraum, selbständig Bewegung und Handlung planen und durchführen zu können.

Jede Bewegung und Wahrnehmung ist an den kognitiv-sozial-emotionalen Sektor gekoppelt. Jeder seelische oder soziale Vorgang benutzt Bewegung, um sich auszudrücken, bzw. die Sensorik, um Gefühle, die Umwelt und das soziale Gefüge wahrzunehmen. Jeder kognitive

Lernschritt besitzt als Vorstufe viele sensomotorischen Trainingseinheiten.
Andererseits benötigt Wahrnehmung und Bewegung die zentralgesteuerten Vorgänge im Gehirn und der Hirnrinde, bei hoher Komplexität und Kompliziertheit auch entsprechende logisch oder reproduktive Leistungen.
Konzentration bedeutet die Fähigkeit, unter Ausblendung aller momentan unwichtigen Wahrnehmungsstimuli die benötigten Reize zu bündeln und zu verstärken, so daß die verlangte logische Operation bzw. die notwendige Bewegungsantwort möglichst exakt durchgeführt werden kann. Die Aufmerksamkeit ist vollkommen auf einen Gegenstand bzw. einen Inhalt gerichtet. Dieses Wahrnehmungsvermögen wird durch erzwungene Anspannung oder geballte Willensanstrengung blokkiert.
Entspannung meint nicht nur das Loslassen von erhöhtem Muskeltonus, von Verkrampfung und Anspannung der Muskulatur, das Aufgeben von überflüssiger Bewegung, das Hinfinden zur Ruhe, sondern auch das Reduzieren und Ausblenden von äußeren Wahrnehmungsreizen, das ein Hinwenden zur Betrachtung innerer (seelisch-emotionaler) Abläufe und Bilder erst ermöglicht.
Das **Ausagieren** hilft durch möglichst großräumige und ungefährliche Austobsituationen angestautem Bewegungsdrang abzubauen. Dabei wird weder durch zuviel Regeln noch durch Vorschriften das freie Ausagieren eingeschränkt oder gehemmt.
Kooperation innerhalb einer Gruppe oder zwischen Partnern verlangt, sich selber und andere wahrzunehmen und situationsgerecht gemeinsam Lösungen finden zu können. Es ergibt sich eine Ausgewogenheit aus selbstbewußtem Durchsetzungsvermögen und Anpassungsfähigkeit.
Soziale Integration beinhaltet, nach der Findung des Ichs und der Auseinandersetzung mit dem Du sich als soziales Wesen zu begreifen mit der Konsequenz, sich in die gruppendynamischen Prozesse mit variablem Rollenverständnis eingliedern zu können.

Literatur

Axline, V.: Kinder-Spieltherapie, München, Basel 1972

Ayres, J.: Bausteine kindlicher Entwicklung, Heidelberg

Baillet D.: Freinet praktisch, Beltz Verlag 1983

Dewey: Erfahrung und Erziehung 1938

Dietrich, I.: in Pädagogik 3/92 S. 46 ff. Freinet

Esser/Wilde: Montessorischulen, rororo 8556, Hamburg 1989

Frostig, M.: Bewegungserziehung, Reinhardt Verlag München/Basel 1973

Frostig, M.: Entwicklungstest der visuellen Wahrnehmung FEW, Weinheim 1974

Funke, J. (Hrsg.): Sportunterricht als Körpererfahrung, rororo 7610, Hamburg 1983

Ginsburg/Opper: Piagets Theorie der geistigen Entwicklung, Klett, Stuttg. 75

Gudjons, H.: Begründen in Pädagogik 7-8/89 S. 47 ff.

Götze/Jaede: Die nicht-direktive Spieltherapie, München 1974

Heckhausen: Motivation und Handeln, Berlin 1980

Kiphard, J.: Motopädagogik, Verlag modernes Lernen, Dortmund

Köckenberger, H.: Spaß ist die beste Motivation, Psychomotorische Entw. f. in: Fikar/Thumm: Körperarbeit mit Behinderten S. 121 ff., Stuttg. 1992

Köckenberger/Gaiser: Sei doch endlich still! Entspannungsspiele und -geschichten für Kinder, Dortmund 1996

Kretschmer, J.: Bauen und Bewegen in Sportpädagogik 4/94 S. 26 ff.

Maier/Petsch: Stundenbilder für vielseitiges Bewegen an Geräten, Eckenta 189

Miedzinski, K.: Bewegungsbaustelle, Dortmund 1991

Mietzel: Psychologie in Unterricht und Erziehung, Göttingen 1986

Miske-Flemming, D.: Theorie und Methode zur Behandlung von perzeptionsgestörter Kinder, Dortmund 1980

Möller: Lernen durch Tun, Frankfurt/M. 1987

Montessori, M.: Kinder sind anders, Klett, Stuttgart 1973

Piaget: Das Erwachen der Intelligenz beim Kinde, Stuttgart 1973

Schiefele, H.: Lernmotivation und Motivlernen, München 1974

Trebels, A. (Hrsg.): Spielen und Bewegen an Geräten, rororo 7605, Hamburg 1983

Winnefeld: Pädagogischer Kontakt und pädagogisches Feld, München 1957

Volkamer/Zimmer: Kindzentrierte Mototherapie in Motorik 2/86 S. 49 ff.

Raum für Notizen:

Raum für Notizen:

Raum für Notizen:

Raum für Notizen: